Martin Moser

WIEN GEHT GASSI

Vier Pfoten erschnüffeln die Stadt

WiLD URB Kultbuch

verlag rittberger+knapp

Die Informationen in diesem Buch wurden mit größter Sorgfalt recherchiert. Dennoch können Fehler nicht vollständig ausgeschlossen werden. Die Benutzung dieses Buches und die Umsetzung der darin enthaltenen Informationen erfolgt ausdrücklich auf eigenes Risiko. Verlag, Autoren und Lektor können für etwaige Unfälle und Schäden jeder Art, die sich beim Besuch oder bei der Anreise zu in diesem Buch beschriebenen Orten und Wegen ergeben, aus keinem Rechtsgrund Haftung übernehmen.

Alle Anreiseangaben ohne Gewähr.

Edition WildUrb
ISBN: 978-3-902999-09-2
1. Auflage Februar 2024

Autor: Martin Moser
Lektorat: Loris Knoll BSc. (grüngrätzlwege.at)
Medieninhaber: Rittberger+Knapp OG, Verlagsort: Mödling
Hersteller: Finidr, s.r.o., Herstellungsort: Tschechien
Coverfoto: ©AdobeStock/Barbara Cerovsek
Karten enthalten Daten der ©OpenStreetMap-Mitwirkenden/
www.openstreetmap.org (ODbL-Lizenz)

 Kommentare und Fragen gerne an: *office@rittbergerknapp.com*

www.wildurb.com
www.rittbergerknapp.com

Inhalt

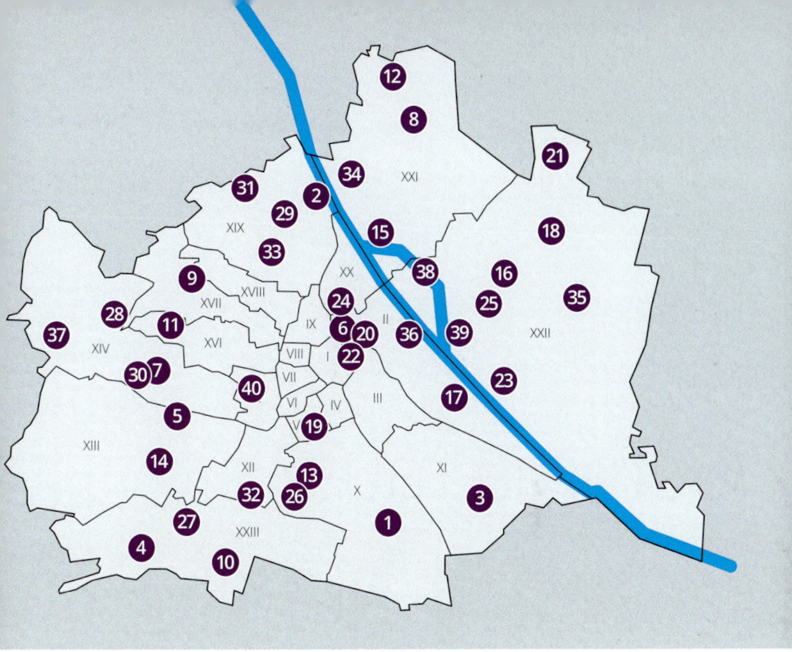
12
8
21
34
XXI
31
2
29
XIX
15
18
33
38
16
9
XX
XVIII
24
25
35
28
XVII
II
11
6
20
36
39
XXII
37
IX
XIV
XVI
VIII
I
22
30
7
VII
40
23
VI
IV
III
17
5
V
19
XIII
14
XII
XI
13
X
32
26
3
27
1
XXIII
4
10

Gemma raus?

Willkommen

12 Jahre sind seit dem Erscheinen der 1. Auflage von WIEN GEHT GASSI vergangen. Manche Wege blieben seither unverändert, doch die Welt dreht sich weiter und mit ihr auch die Möglichkeiten, Wien auf vier Pfoten zu erkunden. So ist es endlich an der Zeit, neue und vor allem noch mehr Gassiwege in Wien kennenzulernen. Diese wollen wir euch natürlich nicht vorenthalten. In diesem Buch findet ihr 40 Gassitouren für Zwei- und Vierbeiner sowie für alle Lebenslagen und Jahreszeiten. Kommt mit, bleibt neugierig, lernt Unbekanntes kennen und vergesst dabei nie eure Umgebung zu erschnüffeln!

In Memoriam »Pirie«

Sie ist eine der Hauptakteurinnen in diesem Gassibuch und sie war bereits im Jahr 2012 bei der ersten Auflage sowie auch im Folgeband »Abenteuer Gassi« jene Vierbeinerin, die die Routen schlussendlich vorgab. Leider kann sich Pirie über das Erscheinen dieser gänzlich überarbeiteten und erweiterten Auflage nicht mehr freuen, das Schwanzwedeln ist verstummt, die Hundebussis fehlen. Am 16. September 2023 musste die Beste, Herzlichste und Liebste aller Hündinnen eingeschläfert werden. Ihre Zeit war leider gekommen, und dies viel zu früh. Pirie wurde etwas mehr als 13 Jahre alt und spielt nun hoffentlich mit ihren FreundInnen im Hundehimmel. Wir werden immer einen Platz in unseren Herzen für sie haben!

Alle Wege sind online

Unsere Touren kannst du bequem vom Handy aus abrufen, indem du einfach den QR-Code auf der entsprechenden Buchseite scannst. Öffne dann die Karte (entweder Google Maps oder AllTrails), und schon hast du die Orientierung. Wenn du eine eigene Navigations-App bevorzugst, besuche *www.wildurb.at/maps*. Dort klickst du auf »**WIEN GEHT GASSI**«, wählst die gewünschte Karte aus und lädst dir das GPX-File herunter.

LEGENDE

5km[1] (1¾h[2]) | R[3] | ↑250hm[4] | einfach[5]

1) Tourlänge, 2) Gehzeit, 3) Verlauf:
R (Rundweg) / S (Streckenweg)
4) Höhenmeter bergauf
5) Schwierigkeit (einfach-mittel-schwer)

DIE LOYS KOMPLETTMENÜS
OIS DRIN
VIELE GRÖSSEN UND SORTEN
GEKOCHT ODER BARF
-25%
ONLINE-RABATTCODE „GASSI23"
Einmalig im Webshop einlösbar bis 31.12.2024, nicht mit anderen Rabatten kombinierbar
ALLEIN-FUTTERMITTEL
ALLES, WAS DEIN HUND BRAUCHT
FRISCHE ZUTATEN AUS ÖSTERREICH
OHNE KONSERVIERUNGS- ODER ZUSATZSTOFFE
SO INDIVIDUELL WIE DEIN HUND
Der GRÜNE Barf-Shop
Loy's
www.loys.at

TOUR 1

Flotte Flitzer

Von bekannten & unbekannten Ecken in Favoriten

Rund um die Löwygrube treffen wir nicht nur auf andere Hunde, sondern am Wegesrand auch auf die Hundsrose. Das überrascht nicht, ist sie doch die am häufigsten vorkommende Wildrosenart Mitteleuropas. Ihr lateinischer Name leitet sich von »canis« ab, der Übersetzung für Hund – und das ist nicht sonderlich als Kompliment gedacht. Da die Rose wild wächst, wurde sie in der Vergangenheit als etwas Niedriges angesehen. Gerne verfängt sich in den Rosensträuchern auch der eine oder andere fehlgeleitete Frisbee. Die Rettung der fliegenden Untertasse kann einige Kratzer verursachen, die scheibenliebenden Vierbeiner werden sich mit Gebell dankbar zeigen.

Unbekanntes Flugobjekt

Keine Scheibe, sondern eine Art Kübel dürfte 1685 in Feldkirch als erste dokumentierte UFO-Sichtung gelten. Aus einer Niederschrift ist bekannt, dass ein Feuerklotz in der Größe eines Kübels vom Himmel auf die Marktgasse fiel. Das Volk stürmte hin und beobachtete den brennenden Klotz. Zur Überraschung erhob sich das unbekannte Flugobjekt wieder von selbst in den Himmel und verschwand spurlos.

START & ANREISE
1100 Wien, Kurbadstraße 12
Linien U1, 17A, 68B, 70A › Oberlaa (Haltestelle am Ausgangspunkt)

WEGVERLAUF
Kurteich › Filmteich › Vollnhoferplatz › Löwygrube › HuZo Volkspark-Laaerberg › U1 Alaudagasse

TOUR
7,1km (2½h) | S | ↑105hm | einfach

Wegbeschreibung

| Von der U1-Station Oberlaa spazieren wir zur Kurkonditorei und betreten den Kurpark. Am Hauptweg leicht aufwärts zu einer Wegkreuzung, geradeaus Richtung »Brunnengarten« an aussichtsreichen Liegewiesen vorbei zu einem querenden Weg. Links zu einem Gewässer. Direkt davor nach rechts auf einen schattigen Trampelpfad wechseln, der schmale Weg mündet auf den Hauptweg und führt am Filmteich entlang. Namensgebend sind die hier in den 1920er-Jahren gedrehten Stummfilme wie Sodom und Gomorrha. Fast am Nordende des Teiches angekommen, biegen wir auf Höhe einer hölzernen Rastplattform rechts auf eine Stiege ab.

Wir verlassen den Kurpark durch den Nordosteingang und folgen der Filmteichstraße an der Musterhausanlage vorbei. Am Vollnhoferplatz rechts auf eine Schotterstraße, an deren Ende nach links, an duftenden Weingärten vorbei und dem Naturweg in eine Siedlung folgen. Durch die Bleichsteinerstraße zur Bitterlichstraße, diese queren und am Löwyweg weiter. Vor einem Parkplatz rechts auf dem Wiesenweg weiter. Bald befinden wir uns in Wiens größter Auslaufzone. Um die weitläufige Hunderunde durch die Löwygrube zu vollenden, spazieren wir zunächst etwas aufwärts und steigen rechts zu einer Straße ab. Hier links wieder bergauf zu einer Wasserstelle und weiter zur aussichtsreichen Anhöhe, alles leinenlos. Simmering liegt hier vor unseren Pfoten.

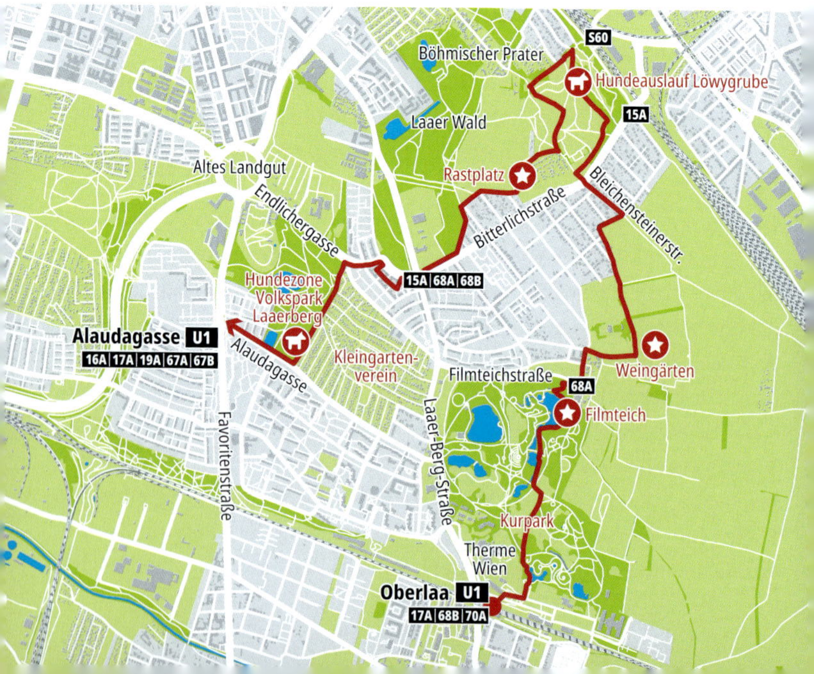

Hinab zum Löwyweg, vor dem ersten Gebäude auf den schmalen Trampelpfad wechseln und diesem über Wiesen folgen. Hier begegnen wir des Öfteren der Hundsrose.

Via Alte Laaer Straße und Klemens-Dorn-Gasse zur Bitterlichstraße. Weiter in die Theodor-Sickel-Gasse sowie links in die Endlichergasse, idealerweise wechseln wir auf die linke Straßenseite.

Am Beginn des Volkspark-Laaerberg in das Areal abbiegen und am Weg neben der Kleingartensiedlung zum Südende des Parks flanieren, wo sich die Hundezone Volkspark befindet. Rechts erreichen wir über die Alaudagasse die gleichnamige U1-Station.

DIE WELT IST EINE SCHEIBE

Auf den großräumigen Flächen der Löwygrube gibt es genügend Auslauf für flinke und verspielte Vierbeiner – und wenn etwas einmal weit fliegt, dann umso besser. Die Fläche eignet sich ideal für begabte Frisbee-SpielerInnen und Hunde, die auf die fliegende Scheibe abfahren. Es sollten nur weiche und bruchsichere Scheiben zum Einsatz kommen. Frisbees betreffend gibt es auch eine Hundesportart, genannt Discdogging. In der einfachsten Variante werfen Herrchen und Frauchen dabei ein Frisbee und der Hund bringt das Frisbee zurück. Spezielle Würfe, Drehungen, Sprünge und sogar Saltos verleihen der Sportart einen sehr athletischen Charakter. Zweibeiner können wiederum am Discgolf-Parcour im Volkspark ihre Zielgenauigkeit testen.

Manche Hunde sind talentierter darin, eine fliegende Scheibe zu fangen, als andere. Wenn's mal nicht klappt, ist das kein Grund zum Aufgeben. Übung macht die Meister. ▼

Natürliches Kleinod am Weg zur Löwygrube

Discdogging

TOUR 2

Emsige Schnüffler

Genussvolle Weingartenwanderung auf den Spuren Ludwig van Beethovens

Was Hunde und Weine gemeinsam haben, ist ihre beeindruckende Nase. Dieser Begriff ist für Weinkenner bekannt und bezieht sich auf den Duft eines verkosteten Weins. Wenn ein Wein eine »große Nase« hat, bedeutet dies, dass er kräftige und intensive Aromen aufweist. Bei der Verkostung versuchen wir, diesen charakteristischen Duft des Weins wahrzunehmen, stoßen jedoch oft an unsere Grenzen, wenn es um komplexe Aromen geht. Hier sind die Schnüffelnasen klar im Vorteil. Der gesamte Tagesablauf eines Hundes wird von seinem außergewöhnlichen Geruchssinn bestimmt. Er beginnt damit, an allem und jedem zu schnüffeln. Auf diese Weise erkennen Hunde sofort, ob andere Artgenossen schon hier waren. Für Hunde ist die tägliche Gassitour so etwas wie das Lesen der Tageszeitung: Sie informieren sich über das Geschehen in ihrer Umgebung.

Die Wissenschaft hat bestätigt, dass Hunde weitaus besser riechen können als wir Menschen. Wo ein Mensch mit etwa fünf Millionen Riechzellen auskommen muss, stehen dem Hund dafür 125 und 220 Millionen zur Verfügung, was ihn dazu befähigt, besonders komplexe Gerüche zu erschnüffeln.

START & ANREISE
1190 Wien, Zahnradbahnstraße 8
Linie D › Nußdorf, Beethovengang (Haltestelle am Ausgangspunkt)

WEGVERLAUF
Friedhof Nußdorf › Nußberg › Buschenschank Windischbauer › Friedhof Nußdorf

TOUR
4,6km (2h) | R | ↑210hm | mittel

Mensch und Hund zusammen sind ein unschlagbares Team. Gemeinsam machen wir uns auf den Weg durch die Weingärten am Nußberg und nutzen unsere einzigartigen Fähigkeiten, um die Welt der Aromen zu erkunden.

Auf Beethovens Spuren

Der 1827 verstorbene Komponist Ludwig van Beethoven ist im 19. Bezirk allgegenwärtig. Während seiner Aufenthalte in Wien residierte Beethoven in insgesamt 36 verschiedenen Häusern. Besonders im 19. Wiener Gemeindebezirk, in Wien Döbling, waren seine Quartiere stets auf den

Nußberg ausgerichtet. Nun begeben wir uns, ob auf zwei oder vier Pfoten, auf die alten Spazierwege des großen Maestros und erkunden seine Wege.

Wegbeschreibung

Von der Endstation der Linie D begleitet uns auf den ersten Metern der Stadtwanderweg 1 zur Zahnradbahnstraße rauf, am Schreiberbach entlang und rechts in die Eduard-Reyer-Gasse. Am Ende links in die Nußberggasse, am Friedhof Nußdorf vorbei und geradeaus in den Dennweg. Teilweise ist hier kein Gehsteig vorhanden, die Straße ist jedoch wenig befahren. Vor der Kahlenberger Straße nach rechts zu einem Weingarten und einem Naturweg aufwärts zu einer kleinen Siedlung folgen. Geradeaus weiter zu einer Naturmauer, direkt davor rechts neben dem Weingarten aufwärts. Rund 50 Meter nach einem kleinen Waldstück zieht unser Wuffi nach rechts zur Buschenschank »Rotes Haus«. Rechts haltend an

einer Weingartenhütte vorbei, der Hauptweg führt rechts und aussichtsreich leicht abwärts, an einer Gabelung rechts bleiben. Am Ende des Weges nach links und dem Weg entlang oberhalb eines kleinen Geländeabbruches folgen.

Danach finden wir mehrere Wiesenflächen für eine Balli-Spiel-Pause mit Aussicht. An einer Wegkreuzung links aufwärts zur Buschenschank Windischbauer und geradeaus weiter zum asphaltierten Eichelhofweg mit Blick auf den Leopoldsberg. Hier rechts der schmalen Asphaltstraße leicht abwärts folgen. Nach einem großen Wegkreuz verlassen wir die Straße in einen Weingarten und spazieren abwärts zu einem gepflasterten Weg. Hier wiederum leicht aufwärts an Trockensteinmauern mit möglicher Eidechsensichtung vorbei, kurz nach einer Linkskurve abwärts zum Friedhof Nußdorf.

Wir dackeln rechts daran vorbei und stoßen wieder auf den Anfangsweg. Zur Linken geht's zurück zum Ausgangspunkt.

KEIN ALKOHOL IST DIE LÖSUNG

Ein Glaserl Wein an einem lauen Sommerabend kann für unsere geliebten Hunde bereits lebensbedrohlich sein. Die Leber des Hundes ist nicht dazu ausgelegt, Alkohol abzubauen. Stattdessen übernimmt die weit weniger effektive Lunge diesen Arbeitsschritt. Soll heißen: Der Alkohol wirkt sich bereits nach wenigen Minuten im Nervensystem aus, der Rausch dauert länger als beim Menschen und der nachfolgende Kater ebenso – nämlich bis zu zwei Tage. Hat unser Liebling in einem unbeobachteten Moment unseren Sundowner ausgetrunken, gilt es das Verhalten zu beobachten. Ist die Fellnase etwas orientierungslos, unkoordiniert und träge, gilt es Ruhe zu bewahren und auf den Kater zu warten. Bei starkem Sabbern, Erbrechen und Atemnot ist sofort ein Tierarzt aufzusuchen.

An letzten Septemberwochenenden finden die Wiener Weinwandertage in mehreren Gegenden Wiens statt. Auch am Nußberg wird gewandert, teilweise auch mit Vierbeiner.

Pirie vor dem Leopoldsberg

Tiefe Seelchen

Simmeringer Naturwege für Körper und Geist erkunden

Der Leberberg in Simmering hat keinerlei Verbindung zum zentralen Stoffwechselorgan des Körpers. Während eines Spaziergangs über den Leberberg bauen wir keine Schadstoffe ab und produzieren auch keine Eiweißstoffe. Der Name leitet sich stattdessen aus dem mittelhochdeutschen Wörtchen »Le(wer)« ab und bedeutet schlichtweg Grabhügel oder Hügel.

START & ANREISE
1110 Wien, Simmeringer Hauptstr. 419
Linien 11, 71, 71A › Zentralfriedhof 4. Tor (Haltestelle am Ausgangspunkt)

WEGVERLAUF
Leberberg › Meidlgasse › HuZo Schloss Neugebäude › Parkanlage Dürrnbacherstraße › Fickeysstraße

TOUR
4,8km (1¾h) | S | ↑30hm | einfach

Diese kleine Erhebung in Simmering hat sich zu einem Naherholungsgebiet für Zwei- und Vierbeiner inklusive Spielplätze und eigener Hundezone entwickelt. Auf unserem Weg von Kaiserebersdorf über das Schloss Neugebäude nach Simmering durchqueren wir viele grüne Oasen, die nicht nur uns, sondern vor allem unserem Vierbeiner Freude und Schnüffelgenuss bereiten.

Schlüssel zum Schloss

Das Schloss Simmering soll der Legende nach an jener Stelle errichtet worden sein, an der zur Ersten Wiener Türkenbelagerung von 1529 die Zeltburg Sultan Süleymans stand. Kaiser Maximilian II. war der Taktgeber für die Errichtung des Schlosses und sah darin eine Vergrößerung des Kaiserruhmes. Das Interesse am Schloss Neugebäude war von den nachkommenden Thronfolgern aber eher bescheiden, so verfiel es mit der Zeit und wurde meist als Munitionslager genutzt. In den 1920er-Jahren erwarb die Stadt Wien die Schlossanlage, die heute unter anderem für Veranstaltungen verwendet wird. Viel

Altes Schlossgemäuer

Engagement wurde in die Restaurierung des zuvor völlig verwachsenen Unteren Gartens gelegt, der sich direkt neben den beiden Hundezonen befindet. Einziger Wermutstropfen: Mit unserem Vierbeiner dürfen wir die neue Anlage nicht erkunden.

Wegbeschreibung

Von der Station Zentralfriedhof 4. Tor folgen wir der Simmeringer Hauptstraße stadtauswärts. Wenige Augenblicke später biegen wir am Beginn eines Waldstückes links zur Hundezone am Leberberg ab. Der weitere Weg führt entlang des Grünstreifens am Leberberg zur Lichnowskygasse. Geradeaus auf einem Kiesweg weiter, vorbei an einer Gartenanlage und einem Feld zur Meidlgasse. Hier links zum Friedhof Kaiserebersdorf und links daran vorbei. Ein schmaler Trampelpfad führt leicht aufwärts zu einer Kreuzung nahe dem Schloss Neugebäude. Rechts in die Anton-Mayer-Gasse, vorbei am Stadtwäld-

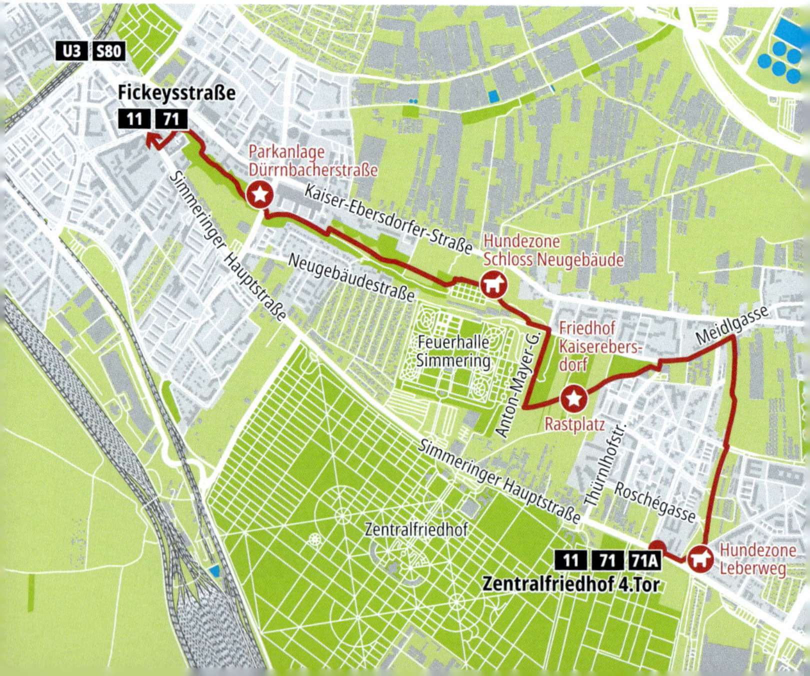

chen Simmering, biegen wir links in die Otmar-Brix-Gasse ab. Zunächst am Parkplatz vorbei, dann halbrechts hinab zur zweigeteilten Hundezone unterhalb vom Schloss Neugebäude.

Den Schlossgarten dürfen Vierbeiner nicht queren, daher umgehen wir das Gelände und begehen den schmalen Pfad am Rand des Gartens. Dem nachfolgenden Wiesenstreifen folgen wir zu einer Wohnanlage. Hier auf den breiten Hauptweg wechseln und einige Höhenmeter aufwärts zur Florian-Hedorfer-Straße steigen. Kurz nach rechts und wiederum links ein schattiges Parkgelände betreten und zur Dürrnbachstraße queren, links führen uns Stiegen aufwärts zur Simmeringer Hauptstraße.

ABSCHIED NEHMEN

Irgendwann ist es so weit - der Abschied des geliebten Vierbeiners zeichnet sich ab. Dann stellt sich die Frage, was mit dem Körper des Tieres passieren soll. Bis zum Jahr 1992 galt die Pflicht zur Abgabe des Körpers an die Tierkörperbeseitigung, eine Vorstellung, die sicherlich nicht die angemessenste für unsere geliebten Haustiere ist. Aus diesem Grund wurde im Jahr 1992 das Wiener Tierkrematorium gegründet. Seit 2011 gibt es sogar einen eigenen Tierfriedhof zwischen Zentralfriedhof und Schloss Neugebäude. Hier finden Waldi, Maxi und Rex einen würdevollen Ort vor, wenn Frauchen oder Herrchen dies für ihren verstorbenen Liebling wünschen. Natürlich ist auch eine Feuerbestattung im Krematorium möglich, die Asche wird in einem eigenen oder in einem bereitgestellten Behältnis übergeben.

Wer Weihnachtsmärkte mag, Trubel aber scheut, macht einen Ausflug zum alljährlichen Adventmarkt im Schloss Neugebäude.

Hundezone am Leberberg

Schönheit am Wegesrand

TOUR 4

Gütige Kumpanen

Begegnung mit himmlischen Wiesen und heiligen Orten

Bezeichnet jemand in Wien einen geographischen Punkt als »Himmel«, dann ist zu 99 Prozent der allseits bekannte Himmel am Cobenzl gemeint. Sehr versteckt und einsam, und wohl auch gerade deswegen besonders sehenswert, ist jedoch die Himmelswiese bei Rodaun und Kalksburg. Dass auf der Wiese gleichzeitig einige sehr seltene Pflanzen wachsen, verleiht dieser Natur-Gassi-Runde einen besonderen Charakter.

Bevor wir den Hundeauslaufplatz erreichen, befinden wir uns am frei zugänglichen Sterngarten. Von hier aus beobachten wir im Winter den »Großen Hund« am südlichen Horizont, ein Sternbild, welches auf der Südhalbkugel gut sichtbar am Himmelszelt thront. Markantester Stern des Sternbildes ist des Hundes Nase, der Stern Sirius, auch bekannt als hellster Stern am Nachthimmel. Dass sich von dem Sternbild auch die Bezeichnung »Hundstage« ableitet, wissen wohl die wenigsten Hunde und Menschen. Sirius, alias Hundenase, zeigt sich in der heißesten Zeit des Jahres in der Morgendämmerung und so entstand die Bedeutung der Hundstage.

START & ANREISE

1230 Wien, Ketzergasse 439

Linien 60, 60A, 253, 255, 259 › Rodaun (Haltestelle am Ausgangspunkt)

WEGVERLAUF

Liesingbach › Himmelswiese › Gasthaus zur Schießstätte › Wotrubakirche › HuZo Anton-Krieger-Gasse › Liesingbach

TOUR

7,6km (2¾h) | R | ↑140hm | einfach

Wegbeschreibung

Von der Haltestelle Rodaun gehen wir zur Ketzergasse und geradeaus in die Pfitznergasse weiter. Am Ambrosweg nach links und sogleich hinab zum Ambrossteg und zur Reichen Liesing. Nach dem Bach links entlang der Promenade und über eine Rampe zur Willergasse aufsteigen. Unser Vierbeiner zieht uns nach rechts und wei-

Sterngarten

ter geradeaus aufwärts zum Friedhof Kalksburg. Der ab hier gepflasterte Weg führt an Weingärten vorbei zu einer Wiese. In einem Rechtsbogen durchqueren wir kurzzeitig ein Waldstück und erreichen einen Aussichtspunkt mit Rastbänken. Nun queren wir die Himmelswiese leicht abwärts zu einer Infotafel am Waldrand, weiter auf dem breiten Forstweg hinab zur Kreuzung nahe der Kasernwiese und dem Pappelteich. Wir folgen dem Weg durch den Maurer Wald zum »Gasthaus zur Schießstätte« mit Hundebar. Hinter dem Spielplatz rechts, bei einer Einmündung der Forststraße mit Schranken biegen wir halbrechts auf einen Trampelpfad ab. Der Weg mündet in einen rot markierten Wanderweg, dem wir halblinks folgen, halten uns bei einer Gabelung rechts und erreichen stets links haltend die zusammengewürfelt wirkende Wotrubakirche. Wir steigen zur Kirche rauf, gehen daran vorbei und folgen einem schmalen Trampelpfad durch ein kur-

zes Waldstück zum Sterngarten. Ob wir hier jemals die Hundenase am Himmelszelt erkennen werden? Weiter geht's über die Wiese zur Hundeauslaufzone Anton-Krieger-Gasse. Leinenlos spazieren wir die Wiese schräg abwärts, queren die Allee und landen kurz danach auf einem Parkplatz. Diesen durchschreiten wir zur Straße, gehen rechts an einem Schranken vorbei und biegen nach einem Tümpel links ab. Weiter auf der Rudolf-Waisenhorn-Gasse, ehe halbrechts ein Abstecher zu einem Wiesenweg führt. Diesen gehen wir entlang und steigen zwischen Weingarten und Häuserzeile hinab zum Friedhof Kalksburg. Via Willergasse und Liesing-Promenade sowie Ambrossteg dackeln wir zurück nach Rodaun.

»KAMPFHUNDE« EINMAL ANDERS

Der Maurer Wald diente während des Ersten und des Zweiten Weltkriegs als Schießplatz, weshalb auch die Gaststätte ihren Namen trägt. Hunde kamen auch in den beiden Weltkriegen als Kriegshunde zum Einsatz, vor allem im Zweiten Weltkrieg geht man von etwa 200.000 Hunden im Kriegseinsatz aus. Zuchtanstalten wurden aus dem Boden gestampft, die Nachfrage war so groß, dass die Bevölkerung sogar angehalten wurde, ihren treuen Freund doch für den Kriegsdienst freizugeben. Die Aufgaben der Vierbeiner waren vielfältig. Sie wurden als Melde-, Schutz- und Wachhunde eingesetzt und es gab sogar Sprenghunde. Fotos aus dieser Zeit zeigen Hunde in Schutzanzügen und mit Gasmasken, was heute kaum noch vorstellbar ist. Da ist uns natürlich ein »Kampfschmuser« weitaus lieber.

Viele geschützte Pflanzen wie der Diptam finden auf der Himmelswiese einen Rückzugsraum. Daher: Nur mit den Augen schauen. ▼

Ambrossteg

Dictamnus albus

TOUR 5

Treue Seelen

Fidele Hunderunde am und um den Roten Berg in Hietzing

Der Rote Berg in Ober-St.-Veit fügt sich wie ein kleiner Mikrokosmos in das Hietzinger Stadtbild ein. Gemeinsam mit unserer treuen Seele erkunden wir dieses Areal und lassen uns von den Ausblicken verzaubern.

In Gedenken

Direkt neben der Hundezone am Roten Berg verläuft der Heinz-Nittel-Weg. In der Nothartgasse befindet sich ein Gedenkstein, der an den Politiker und Präsidenten der Österreichisch-Israelischen Gesellschaft erinnert, der im Jahr 1981 ermordet wurde. Ein Attentäter der Abu-Nidal-Organisation lauerte am 1. Mai dem damaligen Stadtrat vor seinem Wohnhaus am Fuße des Roten Berges auf. Nittel stieg in sein Auto, als der Attentäter zuschlug. Diesem gelang vorübergehend die Flucht. Im gleichen Jahr wurde der Attentäter jedoch bei einem weiteren Terroranschlag auf die Wiener Hauptsynagoge gefasst. Aufgrund dieser tragischen Ereignisse wurde Heinz Nittel posthum der Titel eines »Bürgers ehrenhalber der Stadt Wien« verliehen und eine Wohnhausanlage in Floridsdorf sowie der Weg am Roten Berg wurden nach ihm benannt.

START & ANREISE

1130 Wien, Hummelgasse 36
Linie 10 › Unter St. Veit, Hummelgasse (Haltestelle am Ausgangspunkt)

WEGVERLAUF

Trazerberggasse › Selbsterntegarten › Aussichtweg Roter Berg › HuZo Roter Berg › Trazerberggasse

TOUR

3,4km (1½h) | R | ↑70hm | einfach

Wegbeschreibung

Von der Endhaltestelle Unter St. Veit, Hummelgasse gehen wir zur Hummelgasse und nehmen die Unterführung zur Linken zur Spohrstraße. Rund 50 Meter nach rechts und links auf einen Trampelpfad in die Trazerberggasse wechseln. Diese gehen wir mit unserem Wuffi so lange geradeaus und queren dabei mehrere Straßen,

Heinz-Nittel-Gedenkstein

bis wir links auf das Gelände vom Roten Berg abbiegen. Ein Schild weist uns darauf hin, dass die Begehung des Areals ab 21:00 bzw. nach Einbruch der Dunkelheit nicht mehr gern geschen ist. Vorbei am Selbsterntefeld, direkt danach halbrechts und einen Wiesenweg rauf. Die Route führt kurz durch ein Waldstück und an zwei Baumreihen vorbei. Je höher wir steigen, desto mehr öffnet sich der Blick auf Wien. Und in der Ferne erkennen wir auch bereits die ersten Hundefreunde nahe der Auslaufzone. Direkt vor dem Spielplatz scharf links und nun am Waldrand entlang. Von hier aus blicken wir über die Wiesenflächen am Roten Berg und über die Stadt hinweg. Kurz vor einer Rastbank biegen wir nach rechts in den Wald und steigen einige Höhenmeter zu einer Asphaltstraße und zu Informationstafeln des Bodenlehrpfades aufwärts. Weiter über die Wiesenkuppe, dem »Gipfel« des Roten Berges, durch eine Waldschneise zu ei-

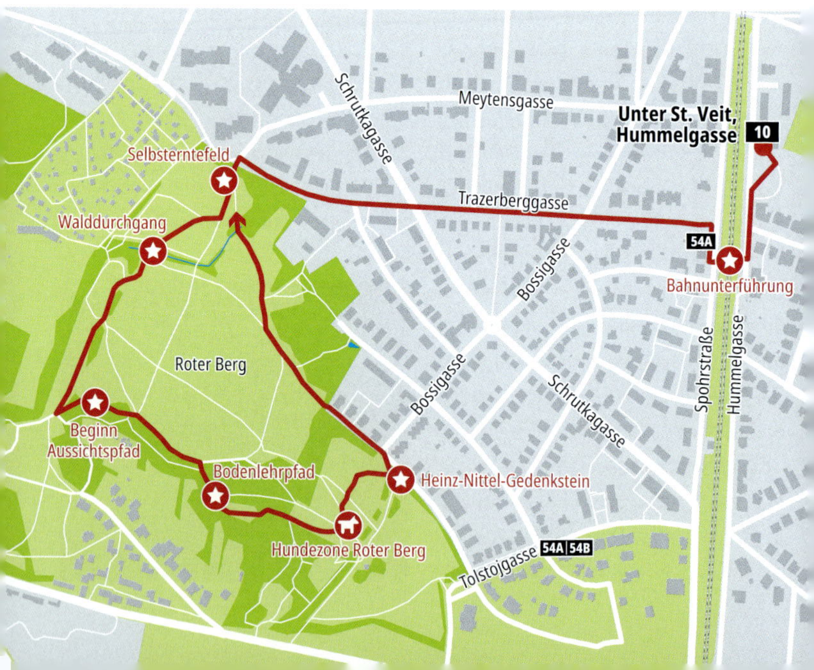

nem Spielplatz und zum oberen Ende der eingezäunten Hundeauslaufzone. Hier fliegen Bälle besonders weit hinab, der Rückweg ist für eifrige Apportierer etwas anstrengender. Wer den Hund endlich müde machen will: Das ist deine Chance!

Leinenlos spazieren wir das Gelände abwärts und verlassen es rechts unten (im Nordosten) durch eine kleine Tür. Hier befindet sich der Heinz-Nittel-Gedenkstein. Weiter geht die Route am Trampelpfad bei der Nothartgasse, der geradeaus wieder auf einen Wiesenweg übergeht. Am unteren Ende des Roten Berges entlang, an einer Gabelung rechts und wir erreichen wieder das Selbsterntefeld. Zurück zur Straßenbahn geht's am bekannten Weg durch die Trazerberggasse.

WIR SEHEN ROT

Der Rote Berg – warum trägt dieser Hügel diesen Namen? Wenn man darüber nachdenkt, kann man leicht zu dem Schluss kommen, dass die Erde am Berg rot sein muss. Und genau so ist es auch, obwohl es sich streng genommen um einen Hügel handelt. Die auffällige rötliche Färbung des Bodens am Roten Berg ist auf einen erhöhten Anteil an Eisenoxid zurückzuführen. Dieses Gestein, das auch als Blutstein oder Hämatit bekannt ist, wird dem geologischen Zeitalter des Oberen Jura zugeordnet. In früheren Zeitaltern, wie dem Dogger-Zeitalter (übrigens nichts mit Hunden zu tun habend) oder dem Mittleren Jura, findet man hingegen roten Kalkstein. All diese Hinweise deuten darauf hin, dass der Name »Roter Berg« vollkommen gerechtfertigt ist. Weitere Auskünfte erteilt gerne der informative Bodenlehrpfad.

Zur Römerzeit war der Rote Berg besiedelt und der damalige Wald gerodet. Heute dominiert ein Flaumeichenwald das Areal. ▼

Über der Stadt

Am Fuße des Roten Berges

TOUR 6

Bunte Gemüter

Gassitour durch die belebten und ruhigen Abschnitte am Donaukanal

Der Donaukanal wechselt auf seiner 17 Kilometer langen Strecke durch Wien mehrmals sein Erscheinungsbild. Bei Nußdorf ist es eine Mischung aus Natur und Verbauung, ab der Roßauer Brücke bis zur Franzensbrücke dominieren Graffitiwände und Gastrostände, danach wird es wieder ruhiger und grüner. Gemeinsam mit unserem Vierbeiner erkunden wir mehrere Streckenkilometer vor und nach der Franzensbrücke und lernen die Vielfalt des Donaukanals kennen.

START & ANREISE
1010 Wien, Schwedenplatz 3
Linien U1, U4, 1, 2, 2A › Schwedenplatz (Haltestelle am Ausgangspunkt)

WEGVERLAUF
Schwedenbrücke › Central Garden › Stadionbrücke › HuZo Rotundenbrücke › HuZo Weißgerberlände › Urania

TOUR
7,3km (2½h) | R | ↑20hm | einfach

Spaziergang am Wasserlauf

Sieben Bezirke berührt der Donaukanal auf seinem Weg durch die Stadt – für viele Städter:innen gilt er als Orientierungspunkt. Der ursprünglich natürliche Donauarm galt bereits zur Römerzeit wegen seiner Stadtnähe als wichtiger Transportweg. Von den Salinen im Salzkammergut kam Salz am Flussweg nach Wien und wurde am Salzgries zwischengelagert. Bausteine und Granit wurden aus der Gegend um Mauthausen nach Wien transportiert und lagerten in der Roßau, bei der Augartenbrücke befand sich die Anlegestelle für Fischzillen. Seit 1598 gilt der Donaukanal als reguliert – in den Folgejahrhunderten erfuhr er immer weitere Veränderungen.

Die bedeutendsten Veränderungen ereigneten sich während der Donauregulierung von 1870 bis 1875 und der parallelen Errichtung von Sammelkanälen. Dadurch wurden Abwässer nicht mehr direkt in den Donaukanal, sondern in diese Sammelkanäle ge-

Fake-Knochen erkannt in 3, 2, 1…

leitet, wodurch die Wasserqualität verbessert wurde. Mit steigender Bevölkerungszahl entstanden entlang des Donaukanals Strombäder. Nach dem Ersten Weltkrieg blieb nur das Strombad bei der Aspernbrücke in Betrieb und war das einzige Wiener Bad, das bis Dezember geöffnet hatte. Damit blieb auch den Mitgliedern des Vereins »Verkühle dich täglich« eine Bademöglichkeit erhalten. Bis heute wird der Donaukanal zum Schwimmen genutzt.

Wegbeschreibung

Vom Schwedenplatz spazieren wir auf die gegenüberliegende Seite des Kanals und steigen zum Kanal ab. Wir bleiben nun flussabwärts dem Uferweg einige Kilometer treu. Zuerst vorbei an kunstvollen Gebilden und dem Central Garden, wechseln wir nach der Bahnbrücke auf einen Schotterweg. Nach der Rotundenbrücke gibt es die Möglichkeit, direkt auf einen Trampelpfad am Ufer zu wechseln. Dieser ist jedoch im Sommer

teilweise verwachsen, ansonsten bleiben wir am Promenadenweg, ehe sich die Wege wieder vereinen. Die Stadionbrücke bringt uns auf die andere Kanalseite und wir wandern am anderen Uferweg retour in die Innenstadt. Zunächst rechts auf den schattigen Gehweg wechseln, nach der Rotundenbrücke können wir unseren Liebling in der Hundezone von der Leine lassen. Wenige Minuten danach haben wir auf Höhe Kegelgasse eine weitere Möglichkeit, zu einer etwas größeren Hundezone aufzusteigen. Weiter geht's auf dem Uferweg, wir verlassen den Schatten und erreichen langsam wieder urbanes Gelände. Wir gehen über eine Rampe zur Radetzkybrücke und zur Urania hinauf. Eine Ampelkreuzung trennt uns noch vom Ausgangspunkt.

GEGNER GERADER LINIEN

Friedensreich Hundertwasser, mit vollem Künstlernamen Friedensreich Hundertwasser Regentag Dunkelbunt, wurde 1928 in Österreich geboren. Der renommierte Maler und Architekt war entschiedener Gegner gerader Linien. Zu seinen bekanntesten Gebäuden zählen die Müllverbrennungsanlage Spittelau und das Hundertwasserhaus, die beide in der Nähe dieser Gassiroute liegen.

Selbst in der neuseeländischen Stadt Kawakawa hinterließ der welterfahrene Künstler seine Spuren, indem er die »Hundertwasser-Toiletten« gestaltete. Bereits im Alter von 20 Jahren schuf der Ausnahmekünstler die Kohlezeichnung »Schlafender Hund«.

Hundertwasser verstarb im Jahr 2000 an Bord der Queen Elizabeth 2.

Für Hundespaziergänge eignen sich die südlichen Wege am Donaukanal. Rund um den Schwedenplatz ist viel Trubel, nordwärts sind Fuß- und Radwege eher zu schmal.

Pirie vor Hundefreund, Künstler unbekannt

Ruhige Gewässerstelle am Donaukanal

TOUR 7

Schüchterne Wesen

Zwischen Silbersee & Steinhof natürliche Kleinode und historische Orte erkunden

Nähern wir uns der Klinik Penzing, dann hoffentlich nur im Rahmen dieser Gassitour. Dabei könnten einige Hunde sogar medizinische Dienste erbringen. Diabeteshunde warnen vor Unter- oder Überzuckerung, Epilepsiewarnhunde erkennen Anfälle bereits einige Minuten im Voraus. Wie schaffen sie das? Hunde erkennen minimale Unterschiede in der Atemfrequenz des Menschen, die durch Veränderungen der Sauerstoffsättigung im Blut entstehen. Es ist immer wieder beeindruckend, zu welchen Leistungen Hunde fähig sind, zumindest einige von ihnen. Tatsächlich kann nur etwa einer von tausend Hunden medizinische Aufgaben übernehmen.

Ausgedehnter Spaziergang

Der Dehnepark wurde nach dem K.u.K.-Zuckerbäcker August Dehne (1796-1875) benannt, der das rund 50.000 Quadratmeter große Areal im Rosental am Osthang des Hausberges von Hütteldorf Mitte des 19. Jahrhunderts erwarb. Ursprünglich wurde der Park bereits 1791 als englischer Landschaftsgarten für die Fürstin Maria Antoine Paar (geb. Liechtenstein) angelegt. In seinen Anfangstagen beherbergte der Park verschiedene Gebäude wie kleine Tempel, Pavillons und Grotten, doch nur die Ruinenvilla hat die Zeiten überdauert. In den 30er-Jahren erwarb der berühmte Wiener Filmregisseur und -schauspieler Willi Forst (1903-1980) den Dehnepark, bevor ihn die Stadt Wien 1969 erwarb und vier Jahre später der Öffentlichkeit zugänglich machte.

START & ANREISE

1140 Wien, Keißlergasse 5

Linien U4, S45, S50, S80 › Hütteldorf (Haltestelle am Ausgangspunkt)

WEGVERLAUF

Rosentalgasse › Am Hüttelberg › Silbersee › Dehnepark › HuZo Steinhoferpark › Baumgarten › Hütteldorf

TOUR

6,5km (2½h) | R | ↑160hm | einfach

Dehneparkteich

Wegbeschreibung

Wir verlassen die U4-Station Hütteldorf, queren den Bahnhofsvorplatz und begehen die Rettichgasse zur Linzer Straße. Kurz links, sogleich rechts in die Rosentalgasse abbiegen und dem Straßenverlauf folgen. Rechts in die Steinböckengasse und in die Henckellgasse. Vor einer Schule führt uns ein schmaler Durchgang aufwärts zu einer Wiese, hier halten wir uns rechts und folgen dem Wiesenweg steil aufwärts. Wir passieren eine Kleingartenanlage und wechseln vor einer Wiese rechts zu einer Kreuzung mit Wasserstelle. Geradeaus durch eine Hecke und am Trampelpfad rechts hinab zum Silbersee. Die Route führt hinab zur Rosentalgasse und in den Dehnepark. Links am Dehneparkteich entlang, circa bei der Teichmitte wandern wir halblinks aufwärts und folgen dem Holzgeländer in Serpentinen zur Ruinenvilla. Nach der Ruine rechts zu einem Wiesenhang mit Sitzbänken und zu einem Trinkwasser-

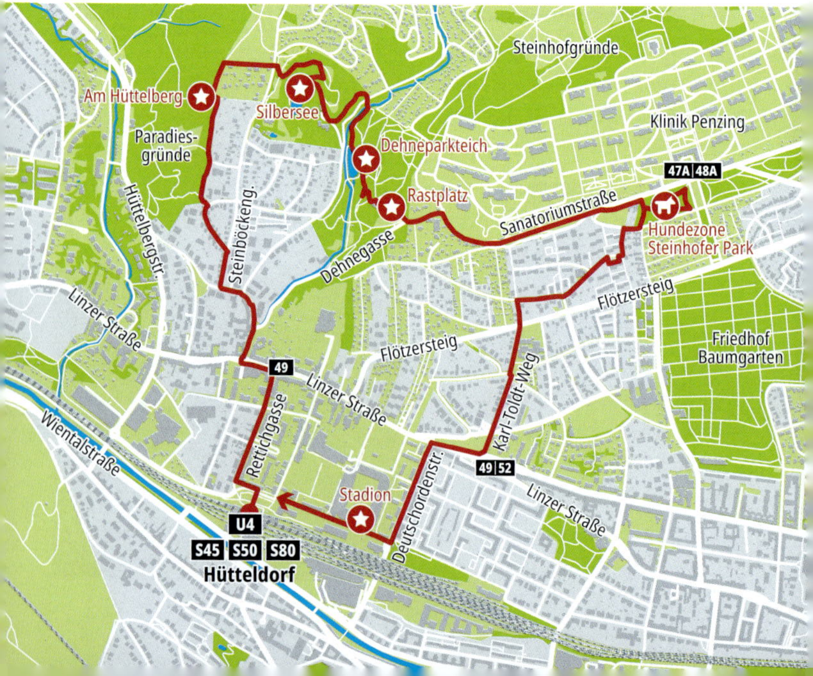

brunnen und einer WC-Anlage. Hier links aufwärts zur Sanatoriumstraße, die wir rechts zur Baumgartner Höhe und geradeaus weiter zur Hundezone Steinhoferpark begehen. Wir pausieren in der Hundezone und verlassen diese in den südlich gelegenen Käthe-Jonas-Weg. Nach der Zone rechts auf dem Weg weiter, links auf den Wagner-Jauregg-Weg wechseln, rechts über einen Parkplatz in die Niederpointenstraße und geradeaus in die Pausingergasse übersetzen. Bei der ersten Möglichkeit nach links in den schmäleren Heinrich-Müller-Weg. Drei Straßen queren wir auf unserem Weg abwärts zur Linzer Straße. Kurz rechts, sogleich links in die Deutschordenstraße und vorbei am Fußballstadion retour zum Ausgangspunkt.

STEINHOF, STEINHOF ODER STEINHOF

Die Bezeichnung »Steinhof« kann umgangssprachlich für vieles verwendet werden. Wer »in Steinhof ist«, befindet sich wohl als Patient in einem der Pavillons des Otto-Wagner-Spitals (Klinik Penzing). Wer »Steinhof besucht«, besichtigt entweder die Otto-Wagner-Kirche oder sieht nach dem Rechten bei jener Person, die gerade »in Steinhof ist«.

Und wer »eine Runde durch Steinhof dreht«, bewegt sich zumeist durch die 42 Hektar großen Steinhofgründe, die einst Teil der Krankenanstalt waren und heute ein Naherholungsgebiet für Zweibeiner sind. Diese werden auch explizit so genannt. Denn, und das ist der große Nachteil für Hundefreunde, Vierbeiner sind im Areal der Steinhofgründe nicht erlaubt. Abhilfe schafft die Hundezone Steinhoferpark im Süden der Anlage.

Der Rosenbach im Dehnepark ist ein naturnaher Wienerwaldbach und Lebensraum für seltene Steinkrebse und Eintagsfliegen. ▼

Ruinenvilla

©AdobeStock/visualitte

Bachgeflüster

TOUR 8

Urbane Genossen

Zwischen Marchfeldkanal & Stadtwildnis in andere Welten abtauchen

Wenn wir an Wildnis denken, tauchen Bilder unberührter Landschaften auf: riesige Wälder und wilde Flüsse in Alaska, südamerikanische Urwälder oder abgelegene asiatische Steppen und Berge, kaum betreten von Menschen. Think global, act local. Auch in Wien gibt es »Wildnisgebiete« und eines davon durchwandern wir bei dieser Gassirunde in Floridsdorf. Die »Stadtwildnis Gerasdorfer Straße« ist eigentlich ein ehemaliges Industrieareal, das sich zu einer Gstettn und somit einer wertvollen Naturoase entwickelt hat. 2018 hat die Stadt Wien das Gebiet übernommen, nun lässt sie auf der zentralen Fläche eine Wildnis entstehen. Auf der Nordseite wurde ein neuer Rad- und Gehweg errichtet, ein Trampelpfad für Zwei- und Vierbeiner führt direkt durch das Areal. So folgen wir bei dieser Tour dem »Ruf der Wildnis«.

START & ANREISE
1210 Wien, Brünner Straße 192
Linien 30, 31 › Anton-Schall-Gasse (Haltestelle am Ausgangspunkt)

WEGVERLAUF
Marchfeldkanal ›
Stadtwildnis Gerasdorfer Straße ›
Salvigasse › Marchfeldkanal

TOUR
5,2km (1¾h) | R | ↑10hm | einfach

Ziesel im Vormarsch

Sie huschen über die Wiese zwischen Van-Swieten-Kaserne und Marchfeldkanal und gelten als gefährdete Tierart. Die Europäischen Ziesel gehört zur Familie der Hörnchenartigen. Wer die rund 20 Zentimeter großen Tiere etwas genauer zu sehen bekommen hat, fühlt sich an ein kleines Murmeltier erinnert. Das ist auch gar nicht so falsch, denn Murmeltiere sind die nächsten Verwandten. Acht Monate lang dauert ihr Winterschlaf, da könnte man fast etwas neidisch werden. Früher waren Ziesel in einem weiten Gebiet von Retz bis Wien und dem Seewinkel in großer Zahl anzu-

©AdobeStock/Rolf Müller

Aufmerksames Ziesel

treffen. Ein Naturführer aus den 1930er-Jahren beschrieb Ziesel beim Lusthaus im Prater als die, die »ihr Leben hier genossen«. Doch diese Zeiten sind vorbei, denn mittlerweile stehen Ziesel auf der »Roten Liste« gefährdeter Arten. In Wien sind Zieselkolonien nur noch am Goldberg, in Unterlaa und am Bisamberg zu finden. Eine kleine Gruppe hat sich zudem am Marchfeldkanal niedergelassen und verzögert dort mögliche Bauprojekte. Naturliebhaber freut's!

Wegbeschreibung

Von der Station Anton-Schall-Gasse gehen wir entlang der Brünner Straße zum Marchfeldkanal. Weiter geht's rechts am Kiesweg entlang. Nach einer scharfen Linkskurve biegen wir rechts auf einen schmalen Trampelpfad auf freier Fläche ab und verlassen den Kanal. Bald durchwandern wir die Gerasdorfer Stadtwildnis, ehe wir auf den Hauptweg nahe einem Spielplatz wechseln. Diesen zur Querstraße mit Parkplatz passieren. Weiter in die Draugasse, nach einem Waldstück

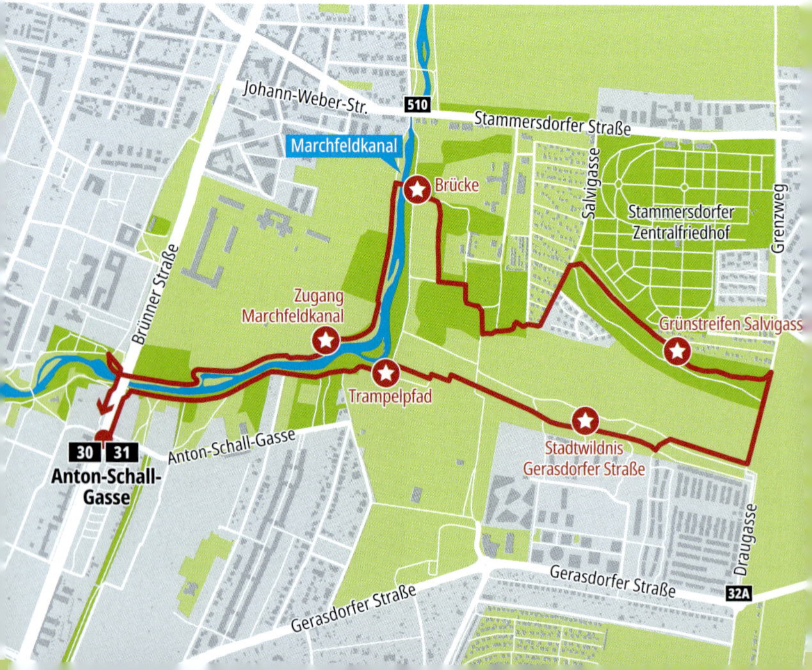

links auf einen Trampelpfad wechseln. Vorbei am Friedhof Stammersdorf Zentral zur Salvigasse, in diese links abbiegen. An deren Ende durch ein Waldstück, geradeaus zur Kreuzung am Waldrand, hier rechts und bei der nächsten Gabelung im Wald links. Bei der kommenden Wegkreuzung wieder links und den Wald verlassen. Am Beginn einer Wiese rechts zum Marchfeldkanal und über eine Brücke. Nun links am Kanal entlang, teilweise können wir auf dem schmalen Pfad nahe dem Gewässer weiterwandern, so weichen wir zumindest Radfahrern aus. Wir unterschreiten gegen Tourende die Brünner Straße, gehen aufwärts an den Rand des Parks und spazieren zurück zur Straßenbahnstation.

CANALE GRANDE

Der Marchfeldkanal ist ein künstlich geschaffenes Fließgewässer und leitet Donauwasser in den Rußbach im Weinviertel, ist also Teil des Marchfelder Kanalsystems und ein nicht mehr wegzudenkender Wasserlieferant für die Landwirte der Ostregion. Wie so oft hat ein solcherart entstandenes naturnahes Gerinne eine positive Auswirkung auf die lokale Flora und Fauna. Der Mensch nutzt das Areal am Kanal als Naherholungsgebiet, gleichzeitig dient der Kanal als Hochwasserschutz. Der Marchfeldkanal erfüllt also seinen Zweck in mehrfacher Hinsicht – anders als der projektierte Donau-Oder-Kanal. Dieser wäre nach der ursprünglichen Planung zwischen Strebersdorf und Jedlersdorf verlaufen, aber wurde bekanntlich nie umgesetzt.

Zur Brutzeit der Schwäne (Anfang April bis Ende Mai) sollte der Marchfeldkanal von Paddler:innen gemieden werden. Das Betreten von Inseln im Kanal ist verboten. ▼

Wege entstehen, indem man sie geht

Sich am Marchfeldkanal treiben lassen

TOUR 9

Liebliche Felle

Rendezvous mit Naturvielfalt, weitläufigen Wiesen und erfrischenden Wegen

Chinesische Pavillons, Labyrinthe, heilige Grotten, künstliche Wasserfälle und Tempel sind heute im Schwarzenbergpark nicht mehr zu finden. Große Teile der einstigen Landschaftsarchitektur, einst Österreichs schönster Landschaftsgarten, haben der Natur Platz gemacht. Dieses Naturspektakel, das Mensch und Hund gleichermaßen begeistert, inspirierte einst den Komponisten Franz Schubert zu lebendigen Liedern. Er saß auf einer Parkbank mit seinem Hund unter den Bäumen des Schwarzenbergparks und beobachtete ökologische Übergänge von Wiese zu Wald, die viele Jahre später von der Wissenschaft als Ökotone mit hoher Artenvielfalt bestätigt wurden. Schubert und sein Hund wussten damals schon: Der Ton macht die Musik, und der »Ökoton« komponiert lebendige Naturstücke.

START & ANREISE
1170 Wien, Dornbacher Straße 123
Linien 43, 43A › Neuwaldegg
(Haltestelle am Ausgangspunkt)

WEGVERLAUF
Schwarzenbergpark › Parapluieteich › HuZo Tiefauwiese › Kräuterbach › Schwarzenbergpark

TOUR
5,4km (2h) | R | ↑70hm | einfach

Lacy sei Dank

Im Jahr 1765 erwarb Franz Moritz Graf von Lacy das Schloss und die Herrschaft Neuwaldegg. Den ehemaligen Neuwaldegger Schlosspark ließ er zum ersten englischen Landschaftsgarten Österreichs umgestalten, und zum damals größten in Europa. Erst die Folgebesitzer, die Fürstenfamilie Schwarzenberg, taufte den Schlosspark in Schwarzenbergpark um und hinterließ damit ein bedeutendes Erbe für die Wiener Landschaft.

Wegbeschreibung

▌Von der Haltestelle Neuwaldegg folgen wir den Wegweisern zum Stadt-

Lacy-Grabmal im Schwarzenbergpark

wanderweg 3 in die Dornbacher Straße, weiter in die Waldegghofgasse und nach dem Schloss Neuwaldegg in den Schwarzenbergpark. Direkt am Beginn lassen wir die Allee jedoch bereits links liegen und begehen einen Waldweg, der einige Höhenmeter unterhalb parallel zur Allee verläuft. Der schattige Weg mündet kurz vor dem Alsbach wieder auf die Allee. Nach einer Einkehrstation wechseln wir auf den linken, parallel verlaufenden Weg und sind mit unserem Vierbeiner etwas abseits der belebten Allee. Vor dem Karl-Panek-Denkmal und dem Parapluieteich biegen wir rechts auf die Asphaltstraße ab, die uns in einem weiten Rechtsbogen aufwärts führt. Vorbei an Bänken und Liegen, hier lässt es sich auch mit dem Vierbeiner chillen, landen wir bei einer Wegkreuzung: Links biegt der Stadtwanderweg 3 ab, wir gehen geradeaus und folgen dem Weg rechts zum Hundeauslaufplatz Tiefauwiese, wo bereits die ersten Fellnasen durch das

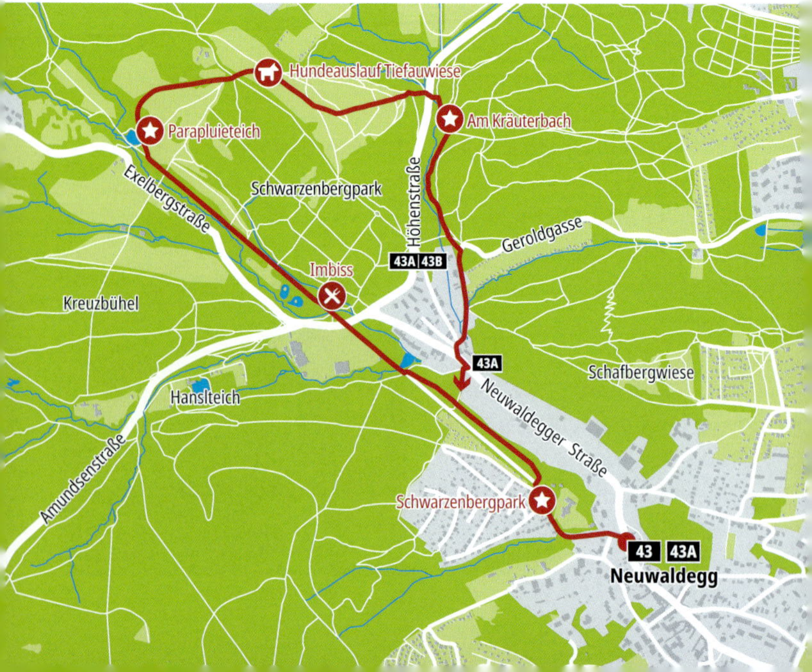

Gelände fetzen. Wir queren das weitläufige und abgeschottete Areal, halten uns nach einem schattigen Rastplatz tendenziell halblinks und wandern zur Höhenstraße. Diese queren wir und folgen rechts dem Pfad neben dem Kräuterbach, zu welchem wir teilweise auch direkt absteigen können.

Der Pfad führt auf eine Asphaltstraße, rechts geht's zur Neuwaldegger Straße. Die Straße queren, kurz links zur Bushaltestelle und sogleich rechts wieder in Waldgebiet hinein. Wir wenden uns vom beschilderten Stadtwanderweg ab und wechseln auf den schmalen Waldweg nach links. Dieser endet unterhalb der Allee, nach links geht's wieder zum Ausgang vom Schwarzenbergpark und zurück nach Neuwaldegg.

ALLROUND-TALENT

Wandern wir die Schwarzenbergallee auf Höhe der Neuwaldegger Straße entlang, müssen wir uns nicht über Pfeif- und Schreigeräusche sowie umherfliegende Fußbälle wundern. Im Sportzentrum der nahen Marswiese werden die Tennisschläger geschwungen, das Kletterseil gespannt und auch das runde Leder getreten. Grundsätzlich böte sich auch die weitläufige Tiefauwiese ideal für ein Fußballmatch mit unserem vierbeinigen Begleiter an. Allerdings würde eine Partie gegen Purin uns sicherlich in die Bredouille bringen. Die japanische Beagle-Dame hält den Weltrekord für die meisten Tore innerhalb einer Minute – sie netzte sage und schreibe 14 Mal in nur 60 Sekunden ein, zudem bricht sie den Rekord für die meisten in einer Minute mit ihren Vorderpfoten gefangenen Bällen. Purins Marktwert ist schlichtweg unbezahlbar.

Protipp: Gummi und Naturkautschuk sind robuste und langlebige Materialien.▼

Durch die weitläufige Tiefauwiese

Hunde lieben es, wenn es »rundgeht«

TOUR 10

Behütete Geschöpfe

Am südlichen Stadtrand Wiens
Berg & Wiesen erkunden

Eine besondere Art von umweltfreundlichem Rasenmääähher sorgt seit vielen Jahren für die Landschaftspflege am Kellerberg. Kein Anrainer beschwert sich, wenn an einem Sonntag das Gras gekürzt wird, denn die Wiesenpflege in diesem Naherholungsgebiet wird von rund 30 Schafen übernommen – und dies in absoluter Ruhe. In den Frühlings- und Sommermonaten grasen sogenannte Waldschafe, eine vom Aussterben bedrohte Haustierrasse, durch das Areal im Süden von Wien. Wenn's heiß wird, genießen die Schafe den Schatten des Unterstandes und bekommen von der Schäferin frisches Wasser, die mindestens einmal am Tag vorbeikommt und nach dem Rechten sieht. Damit die Schafe frisches Futter finden und somit, ohne es selbst zu wissen, für die Landschaftspflege am Kellerberg sorgen, wird der mobile Weidezaun mehrmals in der Saison umgelegt. Bordercollie Lou hilft dabei. Von den Hufen wird der Boden aufgelockert, abgefallene Schafwolle und Ausscheidungen düngen ihn und auch Kleintiere werden bei dieser Art des Rasenmähens geschont. Eine umweltfreundliche und naturbewusste

START & ANREISE

1230 Wien, Doktor-Hanswenzel-G. 20

Linien U6, 61B, 207, 266 › Siebenhirten (Haltestelle am Ausgangspunkt)

WEGVERLAUF

Schellenseegasse › HuZo Kellerberg › Kunstwerke › Petersbach › Schellenseegasse

TOUR

2,8km (1h) | R | ↑10hm | einfach

Art der Wiesenpflege und für uns Gassigeher:innen noch dazu entzückend anzusehen. Hinweis: Die Schafe bitte nicht füttern. Merken die wolligen Vierbeiner nämlich, dass sie von vorbeiflanierenden Menschen Leckerlis bekommen, machen sie durch Blöken auf sich aufmerksam. Und dann ist es vorbei mit der Sonntagsruhe am Kellerberg.

Gibt nichts zu meckern

Alles mit Schaf

Der Kellerberg ist nicht der einzige Ort in Wien, wo Schafbeweidung für die Landschaftspflege eingesetzt wird. Im nördlichen Bereich der Donauinsel grast seit 2019 ebenso eine Schafherde über die Wiesenflächen und mäht in einer Saison die Fläche von rund 14 Fußballfeldern ab.

Wegbeschreibung

Endstation, bitte alle sieben Hirtenhunde aussteigen. Von der fast gleichnamigen U6-Station geht's zunächst in die Dr.-Hanswenzel-Gasse. Die Schellenseegasse führt uns in die Kellerberggasse. Am Beginn eines Grünstreifens rechts am Trampelpfad zum Erholungsgebiet und zu den Schafen am Kellerberg weiterwandern. Zur Rechten entdecken wir die Hundezone. Diese ist fast vollständig von einem Wald umgeben, die herumtollenden Racker können wir aus sicherer Distanz von einem Rastplatz aus beobachten. Eine Wasserstelle befin-

det sich in der Mitte des Naherholungsgebietes. Für den Weiterweg queren wir die Hundezone und gehen einen Kiesweg entlang, ehe wir links einen Wiesenweg raufsteigen. Wir folgen dem hochgelegenen Weg mit Ausblick auf Wien zu einem hölzernen Kunstwerk. Kurz davor halblinks durch ein Waldstück absteigen. Nach einer Linkskurve kurz aufwärts und auf dem kleinen Sattel rechts auf den schmalen Trampelpfad abbiegen. Der Weg führt auf eine kleine Freifläche und zur Kellerberggasse.

Wir spazieren nun am Petersbach entlang, können dabei auch zum Gewässer absteigen. Der Weg führt wieder auf die Schellenseegasse und zurück zur U-Bahn-Station Siebenhirten.

KELLERGESCHICHTEN

Eigentlich wäre es dem Kellerberg an den Kragen gegangen. In den 1980er-Jahren war die Gstettn zwischen Petersbach und der Landesgrenze zu Niederösterreich als zukünftiger Standort für eine »zweite« Shopping City Süd vorgesehen gewesen. Als dieser Plan aussichtslos erschien, war das Areal für mehrstöckige Wohnhäuser vorgesehen. Doch auch aus dieser Absicht wurde nichts. In beiden Fällen intervenierte eine Bürgerinitiative, und das offenbar erfolgreich. Im Oktober 2002 pflanzte schließlich die Stadt mit engagierten BürgerInnen rund 24.000 Bäume und Sträucher – die Geburtsstunde des Erholungsgebietes Kellerberg. Heute finden Kind und Kegel rund 7 Hektar Wald, Wiesen und Wege mit einer attraktiven Hundezone im Süden Wiens vor.

Das markante Gebilde am Kellerberg ist aus speziell ausgesuchten, gebogen-gewachsenen Baumstämmen zusammengesetzt.▼

Damit wir uns hier zurechtfinden

Kunstwerk von Bildhauer Oliver Roman

SPEKTAKULÄR

DAS EISENBERG ★★★★

UNSPEKTAKULÄR

Genießen Sie einen entspannten Urlaub mit

Ihrem Liebling im EISENBERG.

Sie möchten gerne Urlaub machen, aber auf Ihren vierbeinigen Liebling nicht verzichten? – Kein Problem im das EISENBERG. Bei uns ist Ihr Hund herzlich willkommen!

Für Hundebesitzer ist es oft schwierig, einen entspannten Wellnessurlaub zu machen, bei dem auch ihr vierbeiniger Liebling nicht zu kurz kommt.

Im Hotel das EISENBERG im Südburgenland ist das allerdings ganz einfach: In diesem Wellnessresort am Dreiländereck Österreich-Ungarn-Slowenien sind Hunde nicht nur herzlich willkommen, sondern genießen auch viele Inklusivleistungen wie u.a. einen Doggy Pool, Hundespielplatz, Hundedusche sowie Futter- und Trinkstationen. Den besonderen Wohlfühlfaktor für Hund und Mensch bietet aber die 20 Hektar große Gartenlandschaft sowie wunderschöne Wanderrouten ab Haus.

Unsere Hundeextras

Punkt für Punkt

- Wir nehmen Sie auch gerne mit 2 Hunden auf
- Verleih von Futter- und Wassernäpfe
- Hunde im Speisesaal erlaubt, eigener Bereich im Speisesaal
- Hunde dürfen auch alleine im Zimmer bleiben
- Gassi-Wege ab dem Hotel für Sommer und Winter
- Hundespielplatz mit Freilaufareal und Agilityelementen
- Hundedusche am Hundespielplatz
- Umfassende Gassi- und Wandertipps
- Trockentücher, Gassisäckchen

www.daseisenberg.at | hotel@daseisenberg.at | T.: (0) 3329 488 33-0

TOUR 11

Wahre Heldinnen

Gassi-Wanderung mit prächtigen Panoramen und einigen Höhenmetern

Diese Tour ist für alle mit Schmalz in den Haxen: Es geht rauf und runter, rauf und runter und nochmals rauf und runter. Hier haben uns die Vierbeiner mit ihrem »Allrad« einiges voraus.

Wandelbarer Wilhelminenberg

Am westlichen Stadtrand von Wien, auf dem Gallitzinberg, erhebt sich das Schloss Wilhelminenberg – eine überraschende Tatsache, denn es wurde erst 1908 erbaut. Ursprünglich begann Franz Moritz Graf von Lacy 1781 mit dem Bau eines Vorgängers. Nach zahlreichen Besitzerwechseln und einem Erbschaftsstreit wurde das bereits baufällige Schloss 1903 abgerissen. An seiner Stelle ließ Erzherzog Rainer ein neues Schloss errichten, das im Ersten Weltkrieg als Lazarett diente. Nach dem Krieg erwarb die Stadt Wien das Schloss samt den angrenzenden Anlagen und wandelte es in eine städtische Kinderherberge um. Später diente es kurzzeitig als Sitz der Wiener Sängerknaben, wurde dann erneut während des Zweiten Weltkriegs als Lazarett und bis 1961 als Genesungsheim für Kinder und ehemalige KZ-Häftlinge genutzt. Von 1961 bis 1977 beherbergte das heutige Schlosshotel eine Schule für Sonderschülerinnen.

START & ANREISE
1160 Wien, Johann-Staud-Straße 75
Linien 46A, 46B, 52B › Feuerwache Am Steinhof

WEGVERLAUF
Am Steinhof › Schloss Wilhelminenberg › Eselstiege › Kreuzeichenwiese › Gallitzinberg › Am Steinhof

TOUR
4,9km (2¼h) | R | ↑210hm | mittel

Wegbeschreibung

Wir beginnen unsere Gassirunde mit der Begehung von rund 150 Metern Johann-Staud-Straße stadteinwärts. Links in die Hertlgasse, kurze Zeit später links auf einen aufwärts führenden Naturweg wechseln. Oben an-

Schloss Wilhelminenberg

gekommen rechts, dem Verlauf folgen und links in die Traunergasse einschwenken. An der Gabelung rechts in die Starchantgasse und am Waldrand, vor Wohngebäuden, links einen schmalen Weg zur Liebhartstalstraße abwärts gehen. Ab hier geht's wieder aufwärts: Geradeaus den Paulinensteig mit 90 Stufen überwinden, rund 10 Meter dem oberen Wegverlauf folgen, danach scharf links auf einen Kiesweg wechseln. Bei der ersten Sitzbank halten wir uns rechts und steigen am Rand einer Wiese hinauf. Nach einer Steilstufe erneut rechts, dann dem Weg unterhalb der Schlossanlage folgen. Langsam öffnet sich das Panorama, ehe wir auf der Schlosswiese die volle Aussicht auf das südliche Wien genießen können.

Zum Schnüffeln gibt's hier ebenso einiges. Wir folgen dem Weg um das Hostel herum, biegen auf Höhe einer Minigolfanlage rechts zum Mausoleum ab und landen an der Savoyen-

straße. Rechts zur nächsten Straßenkreuzung und via Eselstiege abwärts in die Andergasse. Nun entgegen der Route vom Stadtwanderweg 4a die Straße rauf, nach 100 Metern links in eine Sackgasse und den Dornbach queren. Dem breiten Hauptweg durch den schattigen Wald rund 150 Höhenmeter aufwärts zur Kreuzeichenwiese mit einigen Rastplätzen folgen. Nicht selten werden wir hier auch auf andere Hunde treffen. Weiter links über die Wiese zu einer Gabelung und dem Stadtwanderweg 4 sowie der blauen Markierung folgend in den Wald hinein. Wir passieren die Otto-König-Warte und erreichen eine Wasserstelle vor einem Parkplatz. Hier links und der gelben Markierung hinab zur Feuerwache Am Steinhof folgen.

DER ENGEL VOM BERG

Ein Lanzengitter umschließt das Mausoleum Montléart am Wilhelminenberg. Mit seinen toskanischen Säulen an der Eingangsseite und dem Dreiecksgiebel wirkt es wie ein kleiner Tempel, der den Namensgebern des Schlosses gewidmet ist. Nach der Erbauung durch Franz Moritz Graf von Lacy wechselte das Schloss mehrmals den Besitz, bis Fürst Julius von Montléart das Gelände im Jahr 1824 erwarb. Nach seinem Tod erbte sein Sohn das Areal und schenkte es seiner Gattin Wilhelmine. Als ihr Mann verstarb, verteilte sie das Erbe unter ihren Verwandten und behielt nur ihren persönlichen Besitz. Aufgrund ihrer Großzügigkeit gegenüber den Armen wurde sie als »Engel vom Wilhelminenberg« bekannt. Schließlich fand sie gemeinsam mit ihrem Mann ihre letzte Ruhestätte im Mausoleum.

Das Mausoleum ist eine neogotische, sarkophag-förmige Anlage auf einem geböschten Sockel mit Satteldach und Steinkreuz. ▼

Feuerwache Am Steinhof

Mausoleum

TOUR 12

Schützende Pfoten

Artenreiche Hunderunde durch das Natura-2000-Schutzgebiet am Bisamberg

Wie können wir schnell zum Naturschützer werden, wo können wir Hand und Pfote anlegen? Geht es um das bestehende Natura-2000-Schutzgebiet im Norden Wiens, ist die Antwort einfach: Die Wege nicht verlassen, unseren Wuffi an der Leine lassen und neugierig, aber doch respektvoll die vielfältige Naturlandschaft entdecken. Einer Hundeauslaufzone werden wir bei dieser Gassirunde im letzten Zipfel von Floridsdorf zwar nicht begegnen, das schmälert aber das Erlebnis in diesem Landschaftsstrich keineswegs. Wir spitzen die Ohren und blicken gespannt auf die Wiesenflächen, wenn die kleinen Ziesel umherwuseln und von Erdloch zu Erdloch huschen. Nicht nur deswegen ist es auf dieser Gassitour wichtig, dass wir unseren Liebling angeleint lassen. Bei der nächsten Tour gibt's wieder Auslauf, versprochen!

Schützende Hände

Mit mehr als 27.000 Schutzgebieten gilt die europäische Initiative »Natura-2000« als das weltweit größte Schutzgebietnetzwerk. Grundsätzlich dienen diese Gebiete zur Erhaltung von geschützten Arten und Lebensräumen, sind jedoch weit nicht so streng ausgelegt wie beispielsweise Nationalparks. Natura-2000-Gebiete sind keine Sperrzonen, im Gegenteil. Eine naturverträgliche Bewirtschaftung ist sogar erwünscht, wenn es zum Erhalt der Artenvielfalt beiträgt. Das Gebiet rund um den Bisamberg gilt dabei als »Hot Spot« der pflanzlichen Vielfalt.

START & ANREISE

1210 Wien, Stammersdorfer Kellerg. 133
Linie 501 › Senderstraße
(Haltestelle am Ausgangspunkt)

WEGVERLAUF

In den Gabrissen › Alter Pulverturm › Alte Schanze X › Herrenholz › Obere Falkenberge › Kallusweg › Senderstraße

TOUR

7,2km (2¾h) | R | ↑140hm | mittel

Braune Randwanze

Wegbeschreibung

Von der Bushaltestelle Senderstraße zuerst ein kurzes Stück Richtung Kellergasse, aber zugleich links auf eine Schotterstraße, direkt gegenüber der Genusshütte. Wir nehmen die erste Möglichkeit links über den Graben und folgen der schmalen Straße In den Gabrissen. Bei der Kreuzung nahe dem Marillengartl links die Luckenholzgasse aufwärts. Am Mitterhaidenweg gehen wir auf dem Trampelpfad eine Wiese hinauf. Der Pfad führt quer über die Wiese an einem Waldstück vorbei zu einer Wegkreuzung. Hier wandern wir geradeaus weiter, passieren etwas bergauf gehend einen Weingarten und können auf den Wiesenflächen Ziesel beim Herumwuseln beobachten. Unseren Wuffi haben wir artig an der Leine. Die Route führt links an der Alten Schanze XII vorbei, die von Buschwerk bereits eingenommen ist. In einem Linksbogen erreichen wir die betretbaren Ruinen der Schanze X.

Weiter geht's auf einem Wiesenweg zum Herrenholz und zur Stammersdorfer Kellergasse. Die queren wir schräg links und spazieren eine schmale Straße aufwärts.

Wir steigen die Falkenberge rauf und wechseln links auf einen Pfad neben dem eingezäunten Weingarten. Der Weg führt zum gepflasterten und aussichtsreichen Kallusweg, auf den wir abbiegen. Wir konzentrieren uns auf unseren Liebling an der Leine, durchqueren sanft abwärts gehend ein schattiges Waldstück und gehen einige Stufen aufwärts zu einem Weingarten. Geradeaus am Naturweg zwischen Weingärten weiter zur Senderstraße. Vorbei an ein paar Weinkellern und wir landen wieder an der Haltestelle.

DIE SCHANZE ERGRIFFEN

Die Alten Schanzen in Stammersdorf sind ehemalige Verteidigungsanlagen und seit einigen Jahren sehenswerte »Natura-2000«-Gebiete. Das bedeutet, dass der natürliche Lebensraum der hier lebenden Tier- und Pflanzenarten auf Dauer gesichert und ein Aussterben der Arten verhindert werden soll. Das Projekt trägt schon Früchte, denn seit 2004 trifft man wesentlich häufiger auf Ziesel, Hirschkäfer und Co. Unweit von den Alten Schanzen befindet sich das »Herrenholz« – eine der letzten Waldflächen inmitten des landwirtschaftlich genutzten Areals östlich des Bisambergs. Im 2. Weltkrieg wurden in diesem »Wäldchen« eine Reparaturwerkstätte für Flugzeugmotoren und Luftschutzbunker gebaut. Gut, dass zumindest diese Art ausgestorben ist.

Zu den »Stürmischen Tagen« im Herbst ist in der Stammersdorfer Kellergasse viel los, was aber nichts mit dem Wetter zu tun hat, sondern mit dem angegorenen Traubenmost.

Luckenholzgasse mit Blick auf Wien

Alte Schanze X

TOUR 13

Heitere Faulenzer

Fröhlicher Spaziergang rund um den Wienerbergteich und darüber hinaus

Zwei Hundezonen, ein Badeteich, keine Scheu. Die Hunderunde rund um das Areal am Wienerberg begeistert gleichermaßen Fuß und Pfote.

»Zieglein, Zieglein, in der Wand…«
Der Wienerberg wird seit Jahrhunderten unverrückbar mit der Ziegelherstellung in Verbindung gebracht. Bereits die Römer erkannten das Lehmvorkommen am Wienerberg und nutzten es auch. Maria Theresia ließ hier im Jahr 1775 die erste staatliche Ziegelei errichten, die später zur beachtlichsten Europas aufsteigen sollte. Das Hauptzollamt, das Arsenal, Arbeiterwohnhäuser und soziale Einrichtungen wurden mit den Ziegeln vom Wienerberg errichtet. Erst in den 1960er-Jahren wurde der Abbau am Wienerberg unrentabel, die Ziegelwerke wurden stillgelegt. Die ehemaligen Lehmgruben und das brach herumliegende Land wurde zur Schuttablagerung genutzt, ehe ein Ideenwettbewerb für sinnvolle Veränderung sorgte. Nach den Plänen von Landschaftsarchitekt Wilfried Kirchner entstand das Erholungsgebiet am Wienerberg, wie wir es heute kennen und lieben.

START & ANREISE
1100 Wien, Tesarekplatz 3
Linie 11 › Tesarekplatz
(Haltestelle am Ausgangspunkt)

WEGVERLAUF
Obstgarten › Friedrich-Adler-Weg › HuZo Wienerberg West › HuZo Wienerberg Ost › Wienerbergteich › Obstgarten

TOUR
6,0km (2¼h) | R | ↑50hm | einfach

Wegbeschreibung

▌Zunächst spazieren wir von der Bimstation Tesarekplatz über den gleichnamigen Platz an der Pfarrkirche vorbei auf den Hugo-Meisl-Weg. Bei einer Infotafel betreten wir das südliche Gelände vom Wienerberg zu einer jungen Streuobstwiese. Hier rechts zum Restaurant Chadim und links auf den Friedrich-Adler-Weg. Diesem

Schilf so weit das Auge reicht

folgen wir zur Gutheil-Schoder-Gasse. Nun begleitet uns der Stadtwanderweg 12, wir folgen der Beschilderung rechts parallel zur Straße. Vor einem Kreisverkehr führt der Weg rechts auf einen Kiesweg an Sportanlagen vorbei, schwenkt danach links durch ein Waldstück weiter zu einem Spielplatz ein. An der davorliegenden Kreuzung links zur Hundezone Wienerberg West. Unsere Route führt am Stadtwanderweg (Wilfried-Kirchner-Weg) links haltend an einer Tankstelle vorbei zur Triester Straße. Diese queren wir und betreten das Gelände des östlichen Wienerberges. Bei der ersten Kreuzung halten wir uns noch links, bei der zweiten Kreuzung verlassen wir den Stadtwanderweg und folgen rechts einem Kiesweg leicht abwärts. Dieser führt zu einer Wiese und zur Hundezone Wienerberg Ost. Wir verlassen die Zone am östlichen Ende und steigen zu einem Aussichtspunkt hinauf. Hier erwartet uns das Tor der bekannten Fernsehserie MA2412. Wir

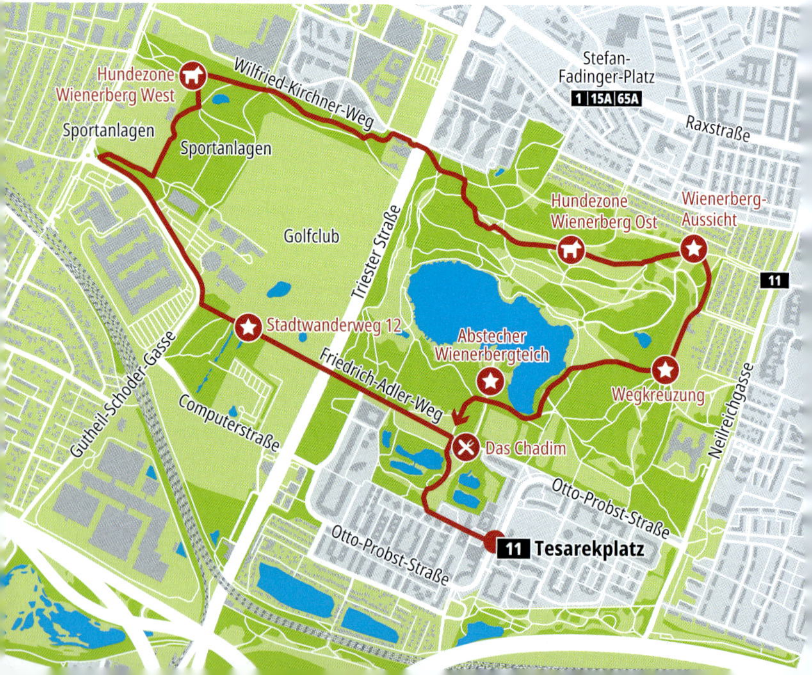

folgen wieder dem Stadtwanderweg an einer Forsthütte vorbei und biegen bei einer Sternkreuzung rechts ab. Es geht leicht hinab, wir halten uns links und kommen dem Wienerbergteich näher. Dem nahen Ufer folgen wir links im Uhrzeigersinn und stoßen auf eine baumfreie Fläche. Rechts können wir am Trampelpfad direkt zum Ufer wandern und einen Sprung ins Nass wagen. Die Gassiroute geht am Hauptweg von der Abbiegemöglichkeit kurz geradeaus weiter, 20 Meter danach halten wir uns bei einer Gabelung links und erreichen das Chadim. Nun spazieren wir am gleichen Weg retour zum Tesarekplatz: Rechts vorbei am Chadim, bei der jungen Streuobstwiese links und wiederum links zurück zum Ausgangspunkt.

DIE STATISTIK IST EIN HUND

Für Hunde sind Zahlen langweilig. Außer wenn es um die Anzahl der Leckerlis geht. Uns interessieren aber die Zahlen und Fakten aus dem Statistischen Jahrbuch 2022 der Stadt Wien, aus dem sich einige interessante Fakten herauslesen lassen. So waren mit Stichtag 01.09.2022 exakt 5.035 Hunde im 10. Bezirk gemeldet, in den großflächigen Bezirken auf der anderen Donauseite gibt es mehr Vierbeiner. Die 19 Hundezonen in Favoriten, übrigens die meisten pro Bezirk, umschließen eine Gesamtfläche von 374.888m^2, die größte Fläche aller Bezirke. Auf jeden einzelnen Hund in Favoriten kommen demnach 74,5m^2 an Bewegungsspielraum, während sich Neubaus Hunde mit 1,2m^2 begnügen müssen. Favoriten kann also durchaus als Hundeparadies bezeichnet werden.

Die »ObstStadt Wien« hat viele kleine Obstparks quer durch die Stadt errichtet. Seit 2021 wird auch am Wienerberg genascht.▼

MA-2412-Tor mit Aussicht

Junge Streuobstwiese

TOUR 14

Süße Schweinderl

Rasante Wandertour durch den Hörndlwald und entlang des Lainzer Tiergartens

Wenn der Lainzer Tiergarten für etwas bekannt ist, dann sind das die Wildschweine, die uns in diesem geschlossenen Areal begegnen können. An der äußeren Tiergartenmauer sollte nichts passieren, aber was, wenn uns doch einmal eine Wildsau gegenübersteht? Dann müssen wir unseren Wuffi auf jeden Fall ruhig halten. Fühlt sich das Wildschwein bedroht, könnte es in den Angriff übergehen. Geht die Wildsau auf unseren Hund los, lassen wir auf jeden Fall die Leine los. Selbst machen wir uns so groß wie möglich, klatschen laut in die Hände und ziehen uns zurück. Aber als Hinweis: Die Chancen auf eine Begegnung sind gering, und meistens rennen Wildschweine ohnehin davon.

Armer Schlucker

Der »Thier- und Saugarten« in Laab im Walde wurde bereits im 15. Jahrhundert für die Jagd genutzt und Hunde waren damals beliebte Begleiter. Heute ist dieses bewaldete Gebiet als Lainzer Tiergarten bekannt, doch ist der Zutritt für Hunde nicht gestattet. Im 19. Jahrhundert unter Kaiser Josef II. wurde das Areal erweitert, und es entstand eine 22km lange Mauer.

START & ANREISE
1130 Wien, Dr.-Schober-Straße 2A
Linien 56A, 56B › Dr.-Schober-Straße (Haltestelle am Ausgangspunkt)

WEGVERLAUF
Hörndlwald › Friedensstadtweg › Mauerweg › Zur Wildsau › Aussicht Himmelhof › Markwardstiege › Hütteldorf

TOUR
5,6km (2½h) | S | ↑145hm | mittel

Eine niedrige Angebotsabgabe durch den Maurermeister Philipp Schlucker führte zur Entstehung der Redewendung »armer Schlucker«, obwohl er tatsächlich nicht verarmte. Einige Reste der alten Tiergartenmauer sind im Hörndlwald noch sichtbar.

Wegbeschreibung

▌Bei der Bushaltestelle Dr.-Schober-

Teil der alten Tiergartenmauer

Straße betreten wir den Hörndlwald. Wir folgen den roten Wegmarkierungen aufwärts, bleiben am Hauptweg und unternehmen am Nordrand des Waldes einen Abstecher rechts auf eine aussichtsreiche Wiese mit Rastplatz.

Wieder zurück am markierten Hauptweg, dem Friedensstadtweg, halten wir uns rechts und verlassen bei einem Umkehrplatz den Hörndlwald. Weiter geht's auf dem Promenadeweg neben einer Kleingartensiedlung zur Mauer des Lainzer Tiergarten. Wir folgen nun dem Weg der Mauer entlang, immer wieder bewältigen wir einige Höhenmeter im Auf und Ab.

Vorbei an der »Heurigenschenke zur Wildsau«, nach der kommenden Brücke halten wir uns rechts, steigen einige Höhenmeter empor und queren einen aussichtsreichen Wiesenhang. Hier haben wir uns eine kleine Pause verdient und lassen den Blick über

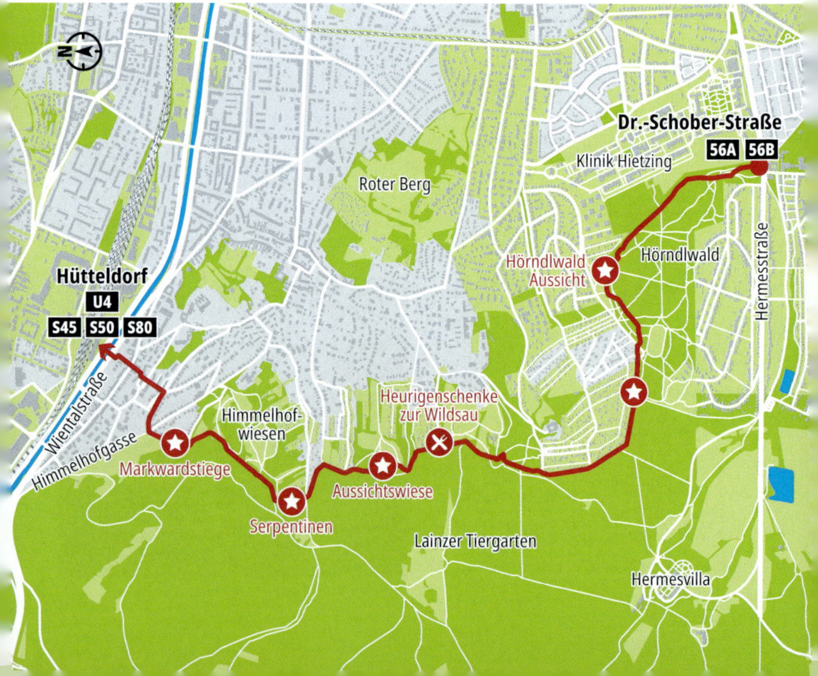

die Stadt schweifen. Wieder zurück bei der Mauer, begehen wir am Adolfstor einige Stufen und mehrere steile Serpentinen aufwärts. Hier gilt es Vorsicht walten zu lassen, da uns auf diesem Teilstück auch Mountainbiker begegnen können. Wir erreichen das Gebiet Am Himmelhof mit einigen Aussichtsbankerln. Am Siedlungsrand verlässt uns die Tiergartenmauer und wir steigen die sehr steile Markwardstiege ab. Am Ende der Stiege rechts in die Erzbischofgasse, nach einer kleinen Parkanlage links einige Stufen abwärts in die Lilienberggasse.

Diese führt uns weiter abwärts, wir queren die Auhofstraße und erreichen den Hackinger Kai sowie die Überführung zur U4-Station Hütteldorf.

SECHSBEINER IM HÖRNDLWALD

Vier- und Sechsbeiner haben im Hörndlwald mitbeeinflusst, dass Zweibeiner einiges zu diskutieren hatten. Grund war der geplante Bau eines Burnout-Zentrums am Standort des ehemaligen Josef-Afritsch-Heimes im Hörndlwald. Seit das alte Heim im Sommer 2013 abgerissen wurde, gab es einerseits Pläne der Stadt für die Errichtung eines Burnout-Zentrums, andererseits formierten sich Bürgerinitiativen gegen diesen Bau und für den Erhalt des Waldes als Naherholungsgebiet. Sogar der Käferspürhund Iuma wurde eingesetzt und erschnüffelte auf dem Areal den seltenen und geschützten Eremitenkäfer. Iuma war somit mitverantwortlich, dass die Pläne ad acta gelegt wurden und der Hörndlwald weiter als geschütztes Naherholungsgebiet erhalten bleibt.

Nicht wundern, wenn uns auf der Markwardstiege verschwitzte LäuferInnen begegnen. Die Stiege ist als Trainingsstrecke für steile Höhenmeter beliebt.▼

Holzfenster in Holzmauer

Steile Markwardstiege

Muntere Genießer

Abwechslungsreiche Erlebnistour zwischen Sandstrand & Donauufer

Schütteln wir nach einer ausgiebigen Gassitour Sand aus unseren Schuhen, dann waren wir nicht in Jesolo, sondern am Hundebadestrand auf der Donauinsel.

Fast Landeshauptstadt

Die Lebensphilosophie »Hättiwari« kann sich Floridsdorf auf ihr Stadtwappen heften. Denn: Floridsdorf wäre Anfang des 20. Jahrhunderts fast die Hauptstadt Niederösterreichs geworden. Die Stadt Wien hatte jedoch andere Pläne und schnappte sich die Großgemeinde, die um 1900 bereits rund 30.000 Einwohner zählte. Nach der Eingemeindung im Jahr 1905 war's das für Floridsdorf mit einer möglichen Hauptstadt-Ehre.

Wegbeschreibung

▌An der Station Neue Donau überqueren wir das gleichnamige Gewässer auf dem Georg-Danzer-Steg zur Donauinsel. Bei einem kleinen runden Platz gehen wir noch kurz geradeaus, halten uns danach aber halbrechts und unterschreiten zwei Bahnbrücken. Vor der Skulptur »Friedensrätsel« links dem Weg folgend an das Ufer der Donau. Wir passieren das Schulschiff, wechseln links auf den Treppelweg und unterschreiten die Floridsdorfer Brücke. Wenige Minuten danach erreichen wir den nicht eingezäunten Hundeauslauf mit Sandstränden. Ideal zum auf der faulen Haut liegen oder um ein Loch im Sand zu graben. Einfache Zugänge in einer strömungslosen Bucht freuen jegliche Wasserratten. Die weitere Route führt am Ufer

START & ANREISE
1210 Wien, Arbeiterstrandbadstraße 3
Linien U6, 20A, 20B › Neue Donau (Haltestelle am Ausgangspunkt)

WEGVERLAUF
Hundestrand Donauinsel Nord › Steinitzsteg › HuZo Floridsdorfer Aupark › Floridsdorfer Wasserpark › Neue Donau

TOUR
5,3km (2h) | R | ↑20hm | einfach

Steinitzsteg

entlang. Nach der Nordbrücke endet der Auslaufbereich, wir gehen scharf-rechts ein Stück weit retour zur asphaltierten Hauptverkehrsader der Donauinsel und ersteigen den gelben Steinitzsteg. Rechts über die Neue Donau hinweg, in einem Rechtsbogen hinab zu einem Hundefeinkostladen, quasi einer Einkehrmöglichkeit für Hunde. Die nächste Hundezone im Floridsdorfer Aupark ist auch nicht weit, wir spazieren dazu nur die Sinawastingasse entlang. Die Route führt am Zaun entlang zu einem Spielplatz und weist uns links, vorbei an einer Wasserstelle, zur Jedleseer Straße. Rechts weiter zur Floridsdorfer Hauptstraße und diese an der Ampelkreuzung zum Dag-Hammarskjöld-Hof queren. Zur Rechten gelangen wir zum Wasserpark, gehen an einer WC-Anlage vorbei und biegen auf Höhe der Schöpfleuthnergasse rechts in den Wasserpark ab. Am Ende des Weges, knapp vor dem Ufer, nach rechts, ein Storch-Denkmal pas-

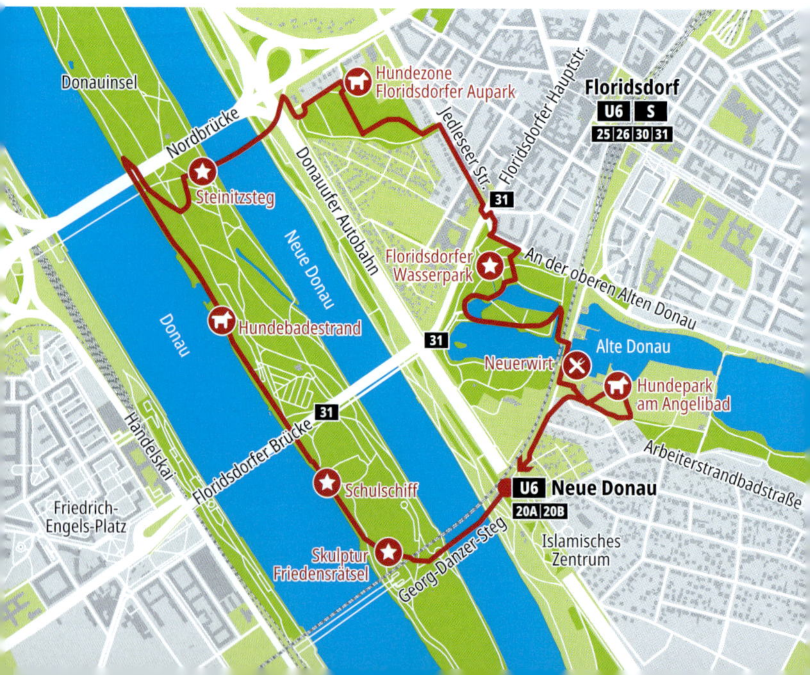

sieren und in einem Linksbogen zu einer kleinen Brücke spazieren. Wir folgen dem Parkweg stets geradeaus und überschreiten zwangsläufig eine weitere Brücke. Direkt danach scharf rechts zum Geh- und Radweg mit Blick auf die Alte Donau. Weiter zum Neuerwirt, vor dem Parkplatz links und am Trampelpfad zur eingezäunten Hundezone am Ferdinand-Kaufmann-Platz. Einige Baumstämme wollen erklommen und beschnüffelt werden, Highlight ist aber der Wasserzugang zur Alten Donau. Wir verlassen das Areal am südöstlichen Ende, spazieren über den Ferdinand-Kaufmann-Platz retour zum Geh- und Radweg am Nordbahndamm. Links spazieren wir nun zurück zur U6-Station Neue Donau.

FLATTERHAFTER WASSERPARK

Nach der ersten Donauregulierung in den Jahren 1870 bis 1875 bildete sich am oberen Ende der Alten Donau ein sumpfiges Gebiet. In den 1920er-Jahren begann die Stadt Wien mit der Sanierung dieses Ödlandes und schuf aus dem Auwald an der Alten Donau den Floridsdorfer Wasserpark, der 1929 für die Bevölkerung geöffnet wurde. Durch einen Kanal im Hubertusdamm sickert Donauwasser aus dem Westen in den Wasserpark, nur selten erlebt man daher den Teich rund um die Vogelinsel zugefroren. Vögel aller Art fühlen sich auf der Vogelinsel heimisch, sogar australische Schwäne verirrten sich eines Tages in den Floridsdorfer Wasserpark. Im Jahr 2006 musste der gesamte Park jedoch mehrmals gänzlich für die Bevölkerung gesperrt werden: Die Vogelgrippe ging um.

Mit etwas Glück kann im Wasserpark der Kormoran, ein stattlicher Wasservogel, beobachtet werden, wie er mit seinen weit ausgebreiteten Flügeln sein Federkleid trocknet.

Wasserpark

Quaken im Wasserpark

TOUR 16

Feuchte Felle

**Rund um die Blumengärten Hirschstetten
Badeparadies & Parkanlagen entdecken**

Ausgezeichnet! Natürlich ist es Ansichtssache, was als ausgezeichnet bezeichnet werden kann. Wenn unser Vierbeiner auf Kommandos hört, ist das für Herrchen und Frauchen natürlich ausgezeichnet. Fliegen die Leckerlis daraufhin in die richtige Richtung, ist das für unseren Liebling ausgezeichnet. Und können wir beide ohne Bedenken in den Badeteich Hirschstetten hineinhüpfen, ist das Wasser von ausgezeichneter Qualität. Wie den meisten Naturbadegewässern in Wien wird auch dem Badeteich Hirschstetten beste Wasserqualität bescheinigt. Man könnte fast meinen, dass man aus dem Teich sauberer rauskommt als man reingesprungen ist. Vielleicht. Vielleicht auch nicht. Wir hoffen jedenfalls auf schönes Badewetter, und wenn nicht, gehen wir einfach so herum. Ist nämlich auch schön.

Hirsch oder Stetten

Die Namensherkunft des Bezirksteils Hirschstetten hat keine Verbindung zu einem Hirsch oder ähnlichen Tieren. Ursprünglich stammt der Name von »Herentstetten« ab, was »Stätten herent der Donau« bedeutet. Im Zentrum des früheren Bauerndorfes findet man heute die Außenmauern des Hirschstettner Schlossparks. Vom Schloss, das alle paar Jahre den Besitzer wechselte, ist jedoch nichts mehr zu sehen. An seiner Stelle befindet sich nun die Pfarrkirche, an deren Außenwand eine Kanonenkugel an die französischen Angriffe im Jahr 1809 erinnert. Der Badeteich Hirschstetten entstand in einer Ziegelgrube

START & ANREISE

1220 Wien, Hirschstettner Straße 112
Linien S80, R81, 95B › Hirschstetten (Haltestelle am Ausgangspunkt)

WEGVERLAUF

Blumengärten › Ziegelhofstraße › Badeteich › Spargelfeldstraße › Parkanlage Anfanggasse › Hirschstettner Aupark

TOUR

4,2km (1½h) | R | ↑10hm | einfach

Grünes »Signal« am Badeteich

und die benachbarte Ziegelhofstraße erinnert noch heute daran.

Wegbeschreibung

Von der Hirschstettner Straße führen die ersten Meter in die Kartouschgasse. Mit Blick zur Kirche der Heiligen Jungfrau von Zeitoun folgen wir dem Straßenverlauf und queren am Ende der Gasse die Quadenstraße zum Südeingang der Blumengärten Hirschstetten, in diesen dürfen Vierbeiner leider nicht hinein. Nun rechts außerhalb des Geländes der Blumengärten entlang, links in die Ziegelhofstraße einbiegen und bis zum Buffet am Badeteich spazieren. Direkt nach der Einkehrmöglichkeit links zum nicht eingezäunten Hundeauslaufplatz mit Bademöglichkeit. Immer wieder können wir uns an Zugängen zum Wasser erfrischen. Der Hundeauslaufplatz führt am Südufer entlang, die Umrundung des Teiches selbst ist für Vierbeiner nicht gestattet. Daher verlassen wir das Gelände am südwestlichen Ende

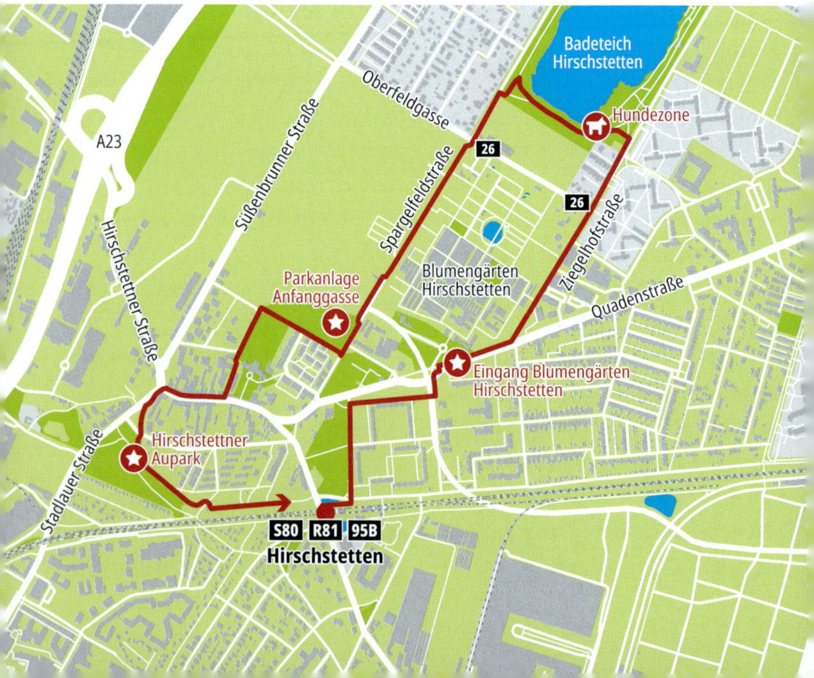

in die Spargelfeldstraße und wandern kurz darauf wieder am Gelände der Blumengärten entlang. Auf Höhe vom Friedhof Hirschstetten rechts auf die schmale Anfanggasse mit einer zumeist einsamen Parkanlage wechseln. Wir gehen entlang der alten Mauer des Schlossparks Hirschstetten, biegen links in die Fundergasse ein und begehen geradeaus einen Durchgang zur Hirschstettner Straße. Rechts zur belebten Ampelkreuzung, links in die Stadlauer Straße und sogleich halblinks über eine Wiese und links oberhalb des Hirschstettner Auparks am schattigen Weg entlangwandern. Nach einem kurzen Abstieg landen wir leicht bergauf gehend auf einem Naturweg, der uns zurück zur Bahnstation Hirschstetten führt.

FLUGHUNDE

Nicht jeder Hund springt ins Wasser, wenn etwas vom Ufer aus hineinfliegt. Manche Hunde lieben es zwar, im Wasser zu waten, aber schwimmen ist dann doch wieder ganz was anderes. Richtige Wasserratten springen mit Anlauf in den Teich, selbst wenn kein Stock zu holen ist. Wie so oft gibt es auch für diese Art der Tätigkeit eine Hundesportart, sie nennt sich »Dog Diving«. Während menschliche AthletInnen beim Weitsprung im Sandbett landen, springen Hunde beim Dog Diving ins Wasser. Sie tauchen aber nicht wirklich ins Wasser, sondern bleiben auf der Wasseroberfläche. Nebenstehende Hunde und Personen können jedoch indirekt ins Wasser getaucht werden, wenn die »Wasserverdrängung« (liebevoll gemeint) von einzelnen Vierbeinern beim Sprung ins Wasser recht hoch ist.

Mehrmals im Jahr führt der Verein »Fischerei & Freizeit Donaustadt« eine Uferreinigung durch und sorgt für saubere Verhältnisse.

Kirche der heiligen Jungfrau von Zeitoun

Abkühlung voraus!

TOUR 17

Lustvolle Geister

Grüne Pratervergnügen mit schattigen Wegen, offenen Wiesen & stillen Gewässern

Einmal im Jahr läuft die Marathon-Elite durch den Prater, und das mit einem Tempo, von dem viele Hobby-LäuferInnen, die tagtäglich die Hauptallee hin- und herlaufen, nur träumen können. Hunde sind bei der alljährlichen Marathon-Veranstaltung als Teilnehmende zwar nicht zugelassen, an den restlichen 364 Tagen im Jahr werden wir jedoch des Öfteren laufende Menschen mit ihren mitdackelnden Vierbeinern im Prater beobachten. Gemeinsames Laufen kann für beide Seiten sehr viel Spaß machen, wenn zumindest ein paar Anforderungen erfüllt sind. Dein Hund hört auf deine Kommandos? Sehr gut. Das Tempo ist für beide passend und führt nicht gleich zur Erschöpfung? Noch besser. Leckerlis sind dabei? Dann los!

Grün hinter den Ohren

Mitten im Prater stehend wirkt die Wallfahrtskirche Maria Grün etwas ungewöhnlich situiert. Hat sich hier eine Marienerscheinung abgespielt? Welches besondere Ereignis ist im Praterdschungel passiert, dass hier eine Wallfahrtskirche errichtet wurde? Die Antwort ernüchtert eventuell: Die Kinder der naheliegenden Volksschule

START & ANREISE
1020 Wien, Freudenau 65A
Linie 77A › Lusthaus
(Haltestelle am Ausgangspunkt)

WEGVERLAUF
Lusthauswasser › Mauthnerwasser › Krebsenwasser › Kirche Maria Grün › Grafenwiese › Lusthaus

TOUR
3,7km (1¼h) | R | ↑10hm | einfach

Freudenau hatten keine Möglichkeit zu einem Messbesuch. Im Jahr 1863 hängte der Lehrer Anton Schentz daher ein Marienbild auf einen Baum im Prater, mit den Kindern hielt er dort kleine Andachten ab. Auch Erwachsene nutzten dieses Bild als Andachtsort, dem Mangel an Kirchen in der Freudenau geschuldet. Auf das Marienbild folgte eine Statue, Gläu-

Kirche Maria Grün

bige brachten ihrerseits weitere Heiligenbilder an den Bäumen an. Und dies in einem Ausmaß, dass sich die Praterverwaltung gezwungen sah, die Bilder zum Schutz der Bäume zu entfernen. Der Legende nach sollen Wagenladungen von Heiligenbildern den Prater verlassen haben, was zur Entstehung des Wallfahrtsorts inmitten des Praters führte. Tatsächlich wurde die Kirche Maria Grün im Jahr 1924 errichtet. Fast hätte sie sogar Endstation der Liliputbahn werden sollen, doch dieses Vorhaben wurde nie umgesetzt.

Wegbeschreibung

Von der Station Lusthaus spazieren wir zum Golfclub und gehen links auf einem schattigen Naturpfad weiter (gleichzeitig Stadtwanderweg 9). Nun am Lusthauswasser und am Naturdenkmal Mauthnerwasser entlang mit einigen Zugängen zum Wasser und zu imposanten Totholzbäumen, die ins Wasser ragen. Die Route macht

einen Linksbogen und führt tiefer in den Praterwald hinein. Auf diesem Weg passieren wir das Krebsenwasser zur Kirche Maria Grün mit einigen Denkmälern sowie ein Memorial im Gedenken an die an HIV/AIDS verstorbenen Menschen. Weiter zur Aspernallee und rechts der Straße folgen. Vor einem Schulgebäude mit davorliegendem Graben biegen wir links auf einen schmalen Trampelpfad ab. Wir halten uns rechts und folgen dem nun gut sichtbaren Weg auf eine Sportwiese. Diese queren und in einem Linksbogen über die Grafenwiese zu einer Bahnunterführung weiterwandern. Davor wechseln wir links auf einen Waldweg zum Lusthaus. Die letzten Meter dieser Gassitour führen rechts daran vorbei zum Ausgangspunkt.

GRÜNE GELÜSTE

Vor rund 200 Jahren hätten wir im Gastgarten des Lusthauses einen Blick auf die vorbeifließende Donau werfen können. Erst die Verlegung des Hauptstromes im 19. Jahrhundert brachte das am Ende der Hauptallee errichtete Lusthaus ins Trockene. Erstmals wurde das ehemalige Jagdhaus im Jahr 1560 als »Casa verde« (grünes Haus) erwähnt. Der Adel und das Bürgertum fanden auch nach der Öffnung des Praters für die Bevölkerung im Jahr 1766 weiterhin Gefallen am Lusthaus. Erst in der Zwischenkriegszeit wandelte sich das Publikum. Ein Barbetrieb mit Tanz und Musik wurde dem Namen Lusthaus absolut gerecht. Nach dem Zweiten Weltkrieg wurde das beinahe völlig zerstörte Gebäude wieder aufgebaut, angelehnt an Bildern aus dem 18. Jahrhundert. Nur der Donaublick fehlt.

Eine Reservierungsanfrage im Lusthaus ist vorteilhaft, denn häufig ist das Restaurant wegen Veranstaltungen geschlossen.▼

Grafenwiese

Lusthaus

TOUR 18

Neugierige Schnüffler

Mit offenen Augen und feiner Nase die Kraft der Natur entdecken

Es passiert nicht oft, dass man einem Wald- und Erholungsgebiet im Entstehen zusehen kann. Breitenlee macht's möglich! Hier entsteht seit dem Jahr 2014 der Norbert-Scheed-Wald zwischen S2 und Ostbahn. Neue Grünkorridore verbinden die aktuellen Grünraumbestände und erweitern den Lebensraum von Wildtieren, das neu geschaffene Areal soll sich bis 2065 zu einer Erholungsfläche für Mensch und Tier entwickeln und den Grüngürtel rund um Wien ergänzen. So lange läuft jedenfalls der Planungshorizont.

Wächst über sich hinaus

Breitenlee ist aktuell die größte »Bauerngemeinde« Wiens mit vielen Anbauflächen, von deren Weite wir uns bei dieser Gassitour am Rückweg überzeugen können. Das macht sie jedoch gleichzeitig zu einem Stadtteil mit beträchtlichen Flächen für den Siedlungsbau der kommenden Jahrzehnte. Der Ortskern von Breitenlee ist ein klassisches Angerdorf mit langgezogenen Zwerchhöfen, die exakt in Nord-Süd-Richtung ausgerichtet sind, dessen Hauptstraße sich im Zentrum zu einem »Anger« gemeindeeigener

START & ANREISE
1220 Wien, Breitenleer Straße 231
Linie 24A › Breitenlee Friedhof
(Haltestelle am Ausgangspunkt)

WEGVERLAUF
Friedhof Breitenlee › Rautenweg › Agavenweg › Übergang Breitenleer Straße › HuZo An der Neurisse › Stadlbreiten

TOUR
3,9km (1½h) | R | ↑10hm | einfach

Wiesenflächen ausweitet. Rundherum entstanden in den vergangenen Jahren mehrere Siedlungen und Wohnbauten und es werden nicht die letzten gewesen sein. Zählte Breitenlee im Jahr 1961 rund 640 Einwohner, waren es 40 Jahre später nur rund 500 Einwohner mehr. 2011 ergab die Zählung für Breitenlee bereits mehr als 4.000 Personen. Es wächst in Breitenlee somit

Allee zum Rautenweg

nicht nur der Norbert-Scheed-Wald heran.

Wegbeschreibung

Von der Haltestelle Breitenlee Friedhof geht's zunächst zu einem Parkplatz links vom Friedhof gelegen. Am Beginn eines Naturweges begrüßt uns eine Infotafel zum Stadtwanderweg 10, dem wir zum Rautenweg folgen. Der 10er-Weg biegt links ab, wir gehen jedoch rechts am Gehweg am Rautenweg entlang, queren die Oleandergasse und landen an einem Umkehrplatz am Rande des Kleingartenvereins Paischerwasser. Hier betreten wir links das alte Gelände des Verschiebebahnhofs. Das Begehen des Weges, trotz Privatgelände der ÖBB, ist erlaubt. Wir spazieren die Kiesstraße weiter, links von uns erblicken wir die ruinenhaften Reste der Schukowitzgassenbrücke, die einst über den Verschiebebahnhof geführt hat. Direkt nach den ersten Brückenpfeilern biegen wir rechts auf einen

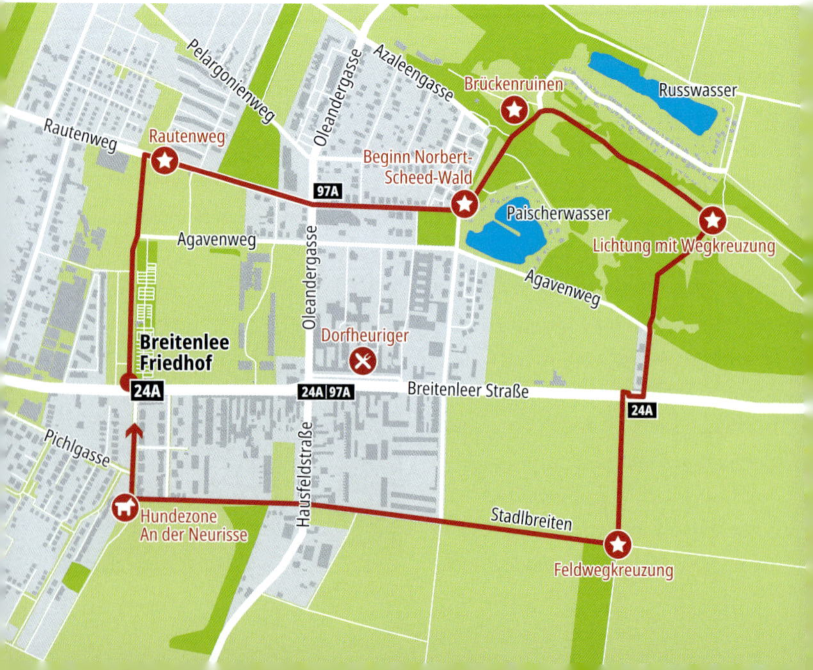

schmäleren Pfad auf eine Heidenwiese ab. Der Pfad führt durch ein Waldstück zu einer Lichtung. Hier rechts in ein verwunschenes Wäldchen, das uns geradeaus auf den Agavenweg leitet. Weiter zur Breitenleer Straße, kurz rechts halten und bei einer Verkehrsinsel die Straße in einen asphaltierten Feldweg queren. Bei der ersten Kreuzung rechts und weiterführend auf die Straße Stadlbreiten. Wir passieren eine imposante Eiche (Naturdenkmal), spazieren geradeaus die Stadlbreiten entlang und erblicken am Ende der Straße die Hundezone »An der Neurisse«. Endlich sind die Hunde los! Und hat unsere Fellnase irgendwann einmal Heimweh, ist es von hier aus nur ein kurzer Spaziergang zur Bushaltestelle am Friedhof.

ENTGLEIST

Spazieren wir in den Norbert-Scheed-Wald, durchstreifen wir eigentlich ein altes Bahnhofsgelände. Hier in Breitenlee hätte zu Monarchiezeiten der größte Verschiebebahnhof Europas errichtet werden sollen, bis zu 100 Gleispaare waren geplant. Der Kellerberg, eine 20 Meter hohe Sanddüne und damals höchste Erhebung des Marchfeldes, wurde bereits abgetragen und die ersten Schienen errichtet. Der Erste Weltkrieg und die Wirtschaftskrise machten dem bereits gestarteten Projekt einen Strich durch die Rechnung. Zum Teil wurden die Schienen wieder demontiert, aber nicht alle Spuren beseitigt. Jedes Jahr holt sich die Natur ein Stück mehr von diesem Gebiet zurück. Das ehemalige Bahnhofsareal stellt heute das wichtigste Naturbiotop zwischen Bisamberg und Lobau dar.

Nicht nur ein Wald entsteht hier neu. Auch nahegelegene Gewässer werden Schritt für Schritt zugänglich gemacht.

Lichte Heidelandschaft

Alte Brückenstütze

TOUR 19

Verspielte Wesen

Schnüffelparcours & Grünflächen zwischen Matzleinsdorf und Gumpendorf

Die ehemalige Herrschaft »Hundsturm« in Margareten war für besonders kurze Zeit, von 1849 bis 1850, eine autonome Gemeinde, wurde aber schnell in die Stadt Wien eingemeindet. Das Wappen zeigt einen silbernen Turm auf einer grünen Wiese, mit einem Hund, der aus einem goldenen Tor hervorspringt. Der Name dieses Stadtteils leitet sich entweder von einem historischen Rüdenhaus am Hundsturm ab oder von der ehemaligen »Hunczmühle«. So oder so, Hundenasen freuen sich, denn hier wartet eine kleine, aber feine Hundezone.

Jö schau, ein Gemeindebau

Kaum ein anderes kommunales Bauprojekt prägt Wien so, wie es der Gemeindebau tut. 1919 legte der damalige Bürgermeister Jakob Reumann den Grundstein für die ersten Wohnungen. Besonders bekannt ist der Karl-Marx-Hof im 19. Bezirk. Er gilt als Ikone des »Roten Wien«, außerdem ist er mit rund 1.050 Metern Länge der längste zusammenhängende Wohnbau der Welt. Die meisten Wohnungen hingegen kann sich die Per-Albin-Hansson-Siedlung in Favoriten auf die Fahnen schreiben.

START & ANREISE
1050 Wien, Matzleinsdorfer Platz 1
Linien 1, 6, 18, 62, BB, S-Bahnen › Matzleinsdorfer Platz

WEGVERLAUF
HuZo Leopold-Rister-Gasse › HuZo Stefan-Weber-Park › Stadtwildnis › HuZo Franz-Schwarz-Park › U6 Gumpendorfer Straße

TOUR
3,2km (1¼h) | S | ↑10hm | einfach

Der erste »echte« Gemeindebau allerdings ist der Metzleinstaler Hof.

Wegbeschreibung

▌Wir verlassen den Matzleinsdorfer Platz in die Reinprechtsdorfer Straße und biegen links in die Leopold-Rister-Gasse ab. Gegenüber vom Matzleinsdorfer Hochhaus, dem ersten kommunalen Hochhaus der Gemeinde

Hundsturm statt Hundstrümmerl

Wien, machen wir einen Abstecher zur Hundezone, die zwar nicht besonders groß ist, aber eine Wassertränke für durstige Hunde anbietet. Nun spazieren wir zum Margaretengürtel, passieren den 48er-Tandler und queren nach dem Julius-Popp-Hof die Fahrbahn auf die begrünte Mittelzone des Gürtels. Hier durchqueren wir zwei abgetrennte Hundezonen mit Wasserstellen und spazieren zur nächsten Ampelkreuzung weiter. Rechterhand passieren wir den Metzleinstaler Hof und den Reumannhof, zwei Gemeindebauten der ersten Stunde des »Roten Wien«. Auf die rechte Gürtelseite wechseln, die Arbeitergasse queren und nach dem Franz-Domes-Hof rechts in die Margaretenstraße. An der Straßengabelung rechts zum Platz Am Hundsturm. Wir umrunden den Platz, folgen der Bräuhausgasse wieder in die Margaretenstraße und zurück auf die Mittelzone. Weiter rechts an einem kleinen »Wiener Wäldchen« vorbei zur schattigen Hundezone im Stefan-

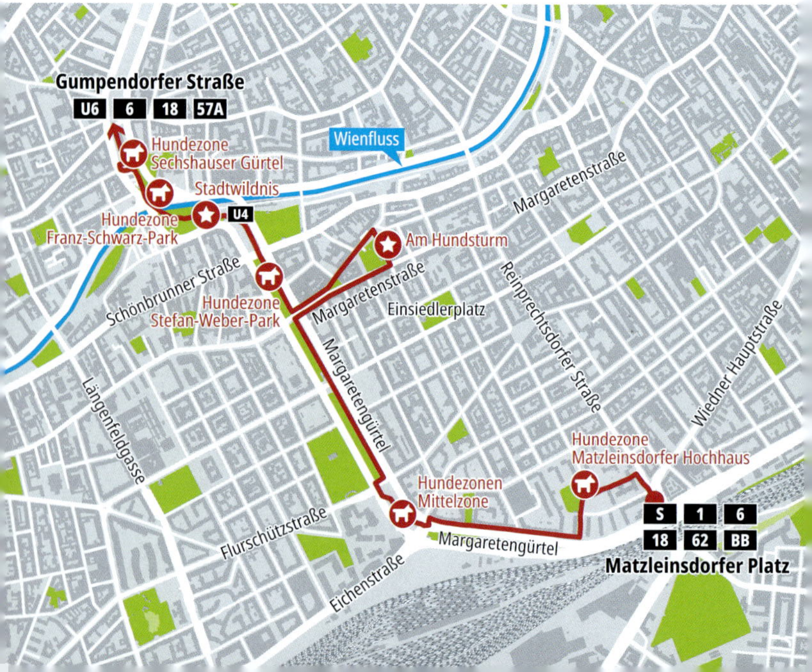

Weber-Park. Nach der Schönbrunner Straße rechts an einer Sportanlage vorbei, leicht links halten und gegenüber der Station Margaretengürtel die Stadtwildnis Gaudenzdorfer Gürtel betreten. Wir queren die Gstettn, halten uns nahe der kommenden Straße rechts und queren an der Ampelkreuzung die Linke Wienzeile zu Straßenbahngleisen. Rechterhand wartet die Hundezone Franz-Schwarz-Park. Am Gehweg links der Gleise unter der U6-Trasse hindurch und rechts haltend an den Stadtbahnbögen entlang landen wir an der Hundezone Sechshauser Gürtel, der letzten Freilaufzone dieser Gassitour. Direkt danach erreichen wir die U6-Station und die Straßenbahnstation am Gumpendorfer Gürtel.

HUNDEKUNDE

Wie viele Hunde pro Bezirk, wie groß ist die Auslauffläche, wie viele Hundezonen und wie groß ist die Dichte an Gacki-Sackerl-spendern pro Quadratmetern Bezirksfläche? Diese Statistiken lassen sich im Statistischen Jahrbuch der Stadt Wien herauslesen, das seit 1883 jährlich veröffentlicht wird. Mit einigen Ausnahmen können die Jahrbücher auch online heruntergeladen werden. In diesen lesen wir für das Jahr 2022 heraus, dass sich im ersten Bezirk die wenigsten Hunde aufhalten. 479 Hunde stellen sich hier 67 Gacki-Sackerlspendern gegenüber. Im Jahr 1883 kamen Hunde in der Statistik noch nicht so präsent vor. Jedoch erfahren wir, dass es damals bereits zehn »Badeanstalten für Hunde und Besitzer« gab. Im Jahrbuch 2022 ist davon keine Rede mehr.

Aus Alt mach neu. Das dachte sich auch die MA 48 und kreierte für das TierQuarTier im 22. Bezirk eine Hunde-Skulptur aus Alteisen und Industrieabfällen.

Hundezone Gumpendorfer Gürtel

Fassadenbegrünung 48er-Zentrale

TOUR 20

Rasante Hetzer

Urbaner Ausflug vom Weißgerberviertel zur geheimnisvollen Stadtwildnis

Die Tour durch den 3. Bezirk ist für alle Vierbeiner gedacht, die auch längere Spaziergänge auf Asphalt lieben.

START & ANREISE
1030 Wien, Radetzkystraße 2
Linien O, 1 › Hintere Zollamtsstraße (Haltestelle am Ausgangspunkt)

WEGVERLAUF
Hetzgasse › Sünnhof › HuZo Linke Bahngasse › HuZo Arenbergpark › Rüdenviertel › Kardinal-Nagl-Platz › Stadtwildnis

TOUR
5,7km (2h) | S | ↑20hm | einfach

Rüdes Viertel

Kaiser Maximillian II. war ein passionierter Jäger und besuchte regelmäßig seine Jagdgebiete im Wienerwald, begleitet von etwa 300 Hunden. Dabei wurden nicht nur die Männchen als »Rüden« bezeichnet; auch kräftige Weibchen wurden von Hundsbuben und dem »Rüdenmeister« betreut, besonders außerhalb der Jagdsaison in den sogenannten Rüdenhäusern. Eines dieser Häuser befand sich längere Zeit in Erdberg, dem heutigen 3. Bezirk. Die Verpflegung der Tiere war bescheiden und bestand meist aus Brot, gelegentlich wurden jedoch besondere Hunde mit einem Beuschel als Delikatesse verwöhnt. Die Erinnerung an das Rüdenhaus im 3. Bezirk lebt in der gleichnamigen Gasse und einem Mosaik in der Dietrichgasse weiter.

Wegbeschreibung

Wir starten im Weißgerberviertel und spazieren zunächst zur Ecke Hetzgasse/Hintere Zollamtsstraße, wo sich am heutigen Standort Hetzgasse 2 ein Hetztheater befunden hat. Von der Hinteren Zollamtsstraße links in die Marxergasse und rechts in die Untere Viaduktgasse, um dem Trubel an der Invalidenstraße zu entgehen. An der Landstraßer Hauptstraße kurz links, rechts in die Beatrixgasse und nach wenigen Metern durch die schattige Baumannstraße in den bunten Sünnhof. Wir verlassen die Passage in die

Erinnerung ans Rüdenhaus

Ungargasse und schwenken zurück in die Beatrixgasse. Über den Anton-von-Webern-Platz gelangen wir zur Hundezone Linke Bahngasse, die wir zur Neulinggasse queren. Hier links zum Arenbergpark und soglcich rechts zur Hundezone. Wir gehen am ersten Flakturm vorbei, halten uns links und wechseln vor dem zweiten Flakturm zur Neulinggasse. Rechts die Landstraßer Hauptstraße querend in die Wassergasse, weiter in die Hainburger Straße, links durch einen Hofdurchgang und Stiegen hinab zur Erdbergstraße. Geradeaus in die Schwalbengasse, weiter in die Göllnergasse. Bei der ersten Möglichkeit links in die Haidingergasse und gleich wieder rechts in die Dietrichgasse. An der Hausnummer 26 befand sich in früheren Zeiten ein Rüdenhaus, die Hunde an der Fassade erinnern daran. Die Drorygasse führt uns zum Kardinal-Nagl-Platz, wo sich an der Westseite eine kleine Hundezone befindet. Links in die Erdbergstraße,

nach der Einfahrt einer Parkgarage wandern wir rechts in Serpentinen aufwärts zum Bockpark mit einer kleinen Hundezone. Wir gehen daran vorbei, nehmen die Unterführung in den Hainburger Weg und wechseln vor der U3-Station Schlachthausgasse rechts in die Kleingasse. Am Ende links, weiter in die Baumgasse, bei der ersten Gelegenheit rechts in die Maiselgasse und links zur Stadtwildnis. Wir durchqueren das wilde Areal auf dem Hauptweg und steigen einige Höhenmeter zum Anton-Kuh-Weg ab. Hier kurz links und oberhalb von Tennisplätzen links zur Hundezone. Diese durchquerend folgen wir dem Weg in einem Linksbogen durch die Unterführung der Baumgasse und erreichen geradeaus die U3-Station Schlachthausgasse.

ZWISCHEN BELUSTIGUNG UND VERBOT

Wir schreiben das Jahr 1720, als sich das erste Hetztheater in Wien niederließ und zur Hauptbelustigung des Volkes avancierte. Stiere, Wildtiere und Bären wurden in diesen Hetztheatern von aggressiv gemachten Hunden zu Tode gehetzt. Das Schauspiel fand später auch am kaiserlichen Hof Anklang. So war es unter Kaiser Joseph II., als Wiens erstes Hetztheater 1768 unter Hof-Direktion gestellt wurde – ausgetragen am Gelände der heutigen Hinteren Zollamtsstraße und der Hetzgasse, die nicht ohne Grund diesen Namen bekam. 1796 fiel das Theater einem Brand zum Opfer, wobei fast alle Tiere verendeten. Der damals amtierende Kaiser Franz II. verbot daraufhin die Tierhetze. Die Redewendung »Des is a Hetz« aber hielt sich bis in die heutige Zeit.

Dass man der Natur ihren eingenommenen Platz auch einfach gewähren kann, beweist die Einzäunung in der Linken Bahngasse.▼

Hundezone neben der S-Bahn

Was nicht passt, wird passend gemacht.

SMARTER FÜTTERN MIT DEM *Hundefeinkostladen*

Wir sind der Hundefeinkostladen - dein persönlicher und kompetenter Partner, wenn es um die richtige Ernährung und das Wohl deines Hundes geht. Entdecke unsere Eigenmarken 'Nestos' & 'PetSolut', produziert in der wunderschönen Steiermark. Qualität, Regionalität und Nachhaltigkeit stehen bei uns an erster Stelle.

Ob BARF-Produkte, Nass- und Trockenfutter, leckere Snacks oder spielerische Accessoires - bei uns findest du alles, was dein vierbeiniger Freund braucht. Profitiere von unserer individuellen Beratung und dem reichen Erfahrungsschatz unseres Teams.

Wir haben für euch ein besonderes Angebot: 10% Rabatt auf deine nächste Online-Bestellung mit dem Code 'GASSI'! Bestelle bequem von zu Hause aus auf www.hundefeinkostladen.at.

Werde Teil unseres Rudels und füttere deinen Hund smarter - mit den Produkten aus dem Hundefeinkostladen.

-10% Rabatt sichern

RABATTCODE:

GASSI

Kontakt

Besuche uns unter
www.hundefeinkostladen.at
oder in unseren Shops.
WIR FREUEN UNS AUF DICH!

Sinawastingasse 2c, 1210-Wien,
Öffnungszeiten:
MO - FR: 12:00 - 18:30 Uhr
SA VON: 09:00-14:00 Uhr

Galleria
Landstraßer Hauptstraße 99-101/Top NO-2 (Untergeschoss)
1030 Wien
Öffnungszeiten:
MO - SA: 10:00 - 18:00 Uhr
(01) 33 60 222 500

Foto: © Ammit | stock.adobe.com

TOUR 21

Rege Gemüter

Abwechslungsreiche Tour für wilde Wasserratten & süße Streuner

Woher weißt du eigentlich, ob dein Hund schwimmen kann? Hunde können zwar nicht von Natur aus schwimmen, machen jedoch instinktiv die richtigen Bewegungen mit den Beinen und lernen die Fortbewegung im Wasser demnach sehr schnell. Manche Hunderassen wurden sogar speziell fürs Schwimmen gezüchtet, wie der Portugiesische Wasserhund. Er hat vor allem das, was der Mensch nicht hat: Schwimmhäute zwischen den Zehen.

Freiwilliges Wasser lassen

Im 12. Jahrhundert errichtete ein gewisser Graf Sicco an diesem als »Prunne« bekannten Ort im Nordosten Wiens ein mittelalterliches Rittergut. Es ist eher unwahrscheinlich, dass sich der Name des heutigen Stadtteils auf die Süße des Brunnenwassers bezog. Eher entwickelte er sich aus dem zusammengesetzten Wort »Siccoprunne«. Über das vorhandene Wasser ist man hier jedoch sehr froh: Nicht nur, weil Groß und Klein im Badeteich planschen können. Auch die Freiwillige Feuerwehr Süßenbrunn ist im Notfall auf Löschwasser angewiesen. Eine Wiener Seltenheit ist hier die »Freiwilligkeit«.

START & ANREISE
1220 Wien, Süßenbrunner Platz
Linien 25A, 511, 520 › Süßenbrunner Platz (Haltestelle am Ausgangspunkt)

WEGVERLAUF
Friedhof Süßenbrunn › Schöpfleuthner Kapelle › Badeteich › Süßenbrunner Platz

TOUR
4,8km (1½h) | R | ↑10hm | einfach

Die meisten Feuerwehren in Wien sind als Berufsfeuerwehren tätig, während in Breitenlee und Süßenbrunn noch Freiwillige Feuerwehren für die Brandbekämpfung zuständig sind, was dem Stadtteil eine ländliche Atmosphäre verleiht.

Wegbeschreibung

| Sind wir hier eigentlich noch in Wien?

Endlich frei am Badeteich

Diese Frage stellen sich Zwei- und Vierbeiner, wenn sie in Süßenbrunn landen. Auf drei Seiten befindet sich Niederösterreich, aber ja: immer noch Wien. Nun denn: Los geht's. Vom Süßenbrunner Platz zunächst stadtauswärts in Richtung Osten, am Ortsrand rechts auf einem Nebenstreifen der Fahrbahn zum Friedhof Süßenbrunn. Wir spazieren am Friedhof vorbei, biegen bei einer Gärtnerei links ab und dackeln durch das Gelände der Gärtnerei geradeaus zu einer Schotterstraße, die uns nahe zur Autobahn bringt. An der Kreuzung rechts zur Straße, am Weg dorthin erblicken wir zur Linken die alte Schöpfleuthner Kapelle. Wie queren die Straße, spazieren kurz auf einem Güterweg weiter und wechseln nach wenigen Metern auf einen Wiesenweg. Vorbei an einer Pferdekoppel gehen wir, Wege nach links und rechts ignorierend, am südlichen Ende des Teiches der Transportbetongrube zwischen Feldern und Hecken entlang. Bei einer unüberseh-

baren Gabelung rechts, an einem Hundetrainingsplatz vorbei, über einen Parkplatz und wir landen am Badeteich Süßenbrunn. Hier beginnt die Hundeauslaufzone mit Zugängen zum Wasser. Wir starten die halbe Umrundung um den Badeteich links im Uhrzeigersinn. Die besten Zugänge zum Teich für den Vierbeiner befinden sich ganz am Beginn oder am Ende der Auslaufzone, dazwischen sind die Abstiege zum Wasser nur für echte Abenteurer gedacht. Am Ende der Auslaufzone halten wir uns links, queren einen weiteren Parkplatz an dessen Ende, wechseln auf den Spindlerweg und gelangen zur Ampelkreuzung, an welcher sich Wagramer Straße und Süßenbrunner Hauptstraße treffen. Zur Rechten ist das Ortszentrum nach wenigen Minuten erreicht.

SCHOTTER GEGEN BADEWASSER

Die Zugänge zu offiziellen Badeteichen in der Donaustadt sind kostenlos, beispielsweise zum Hirschstettner oder Süßenbrunner Badeteich. Du zahlst also keinen Eintritt und behältst dadurch deinen »Schotter«. Dieser wurde nämlich in früheren Jahren schon von dort entnommen und für verschiedene Bauprojekte in ganz Wien genutzt. Schotter oder Lehm – um diese zu gewinnen, werden Löcher ausgehoben, das Material abgebaut und wenn sich das Vorhaben nicht mehr rentiert, werden diese Areale in Badeteiche umgewidmet. Das Loch dafür ist schon da. Sie erfüllen somit in der Gegenwart die Funktion der Abkühl-Hotspots für die verschwitzte Bevölkerung und die hitzeleidenden Hunde. Auf die Wasserqualität in Süßenbrunn achten dreimal pro Badesaison die MA45 und MA42.

Ein einfacherer Zugang ins Wasser befindet sich am Nordufer, hier können auch nur die Pfoten ins Wasser gestellt werden.▼

Wertvolle Agrarflächen

Erfrischung am Badeteich

TOUR 22

Alte Gefährten

Denkwürdige Gassitour von Denkmal zu Denkmal entlang des Rings

»Eine spannende Gassiroute am belebten Ring entlang kann es doch gar nicht geben.« Denkste! Die Vorurteile sollten bei dieser sehenswerten Tour vom Stadtpark zum Heldenplatz in der Schublade bleiben.

START & ANREISE
1010 Wien, Johannesgasse 26
Linie U4 › Stadtpark
(Haltestelle am Ausgangspunkt)

WEGVERLAUF
Promenade Stadtpark › Beethovenplatz › HuZo Resselpark › Schillerplatz › Burgring › Heldenplatz

TOUR
3,2km (1½h) | S | ↑20hm | einfach

Sie haben uns ein Denkmal gebaut!

Wer offenen Auges durch Wien streift, wird vereinzelt auf Tierskulpturen stoßen. Vor allem in städtischen Wohnhausanlagen wurden nach dem Zweiten Weltkrieg Tiere aus Stein oder Metall aufgestellt, Hunde sucht man dabei aber leider vergebens. Bären aller Art kommen am meisten in den Anlagen vor: sitzend, stehend, allein, zu Dritt, mit Jungen, oder als Eisbär. Raritäten sind ein Bison im 19. Bezirk, ein Flusspferd auf der Landstraße, ein Känguru in Favoriten, ein Pinguin auf der Wieden, sieben Ponys im 6. Bezirk und fliegende Wildgänse in Meidling. Zu größerer Berühmtheit brachte es die Gans Lilli im 19. Bezirk. Als in Sievering die alte Straßenbahnlinie 39 ihre Endstation hatte, saß die Gans liebend gern auf den Straßenbahnschienen. Die Fahrer mussten sie stets zur Seite tragen, um weiterfahren zu können. War die Bim vorbeigefahren, belegte sie die Schienen wieder – bis die nächste Straßenbahn anfuhr. Seit 1987 befindet sich in Sievering ein Denkmal für Lilli.

Wegbeschreibung

Wir starten bei der U4-Station Stadtpark, Ausgang Johannesgasse. Zunächst nehmen wir den rechten Promenadenweg neben dem Wienfluss,

Wienfluss im Stadtpark

queren auf der Kleinen Ungarbrücke das Gewässer und wandern durch die Hundezone zurück zum Ausgang. Die Zone zwischen Wienfluss und Stadtpark wirkt zwar elitär, doch eine Grünfläche suchen wir leider vergebens. Quer über die Johannesgasse, auf den Grünstreifen bei der Lothringerstraße wechseln und vorbei am Denkmal von Ludwig van Beethoven. Wir folgen dem Gehsteig am Ring entlang, überqueren den Schwarzenbergplatz mit dem Schwarzenberg-Denkmal zur Rechten und dem Hochstrahlbrunnen zur Linken. Bei der Canovagasse wechseln wir die Straßenseite, hier befindet sich links die Hundezone Resselpark mit einer Wasserstelle. Weiter geht's zum Teich vor der Karlskirche und an der Technischen Universität entlang. Noch vor der Wiedner Hauptstraße biegen wir rechts in die unterirdische Kärntnertorpassage ab. Wir ignorieren Abgänge zu U-Bahnen und schwenken links in die Karlsplatz-Westpassage

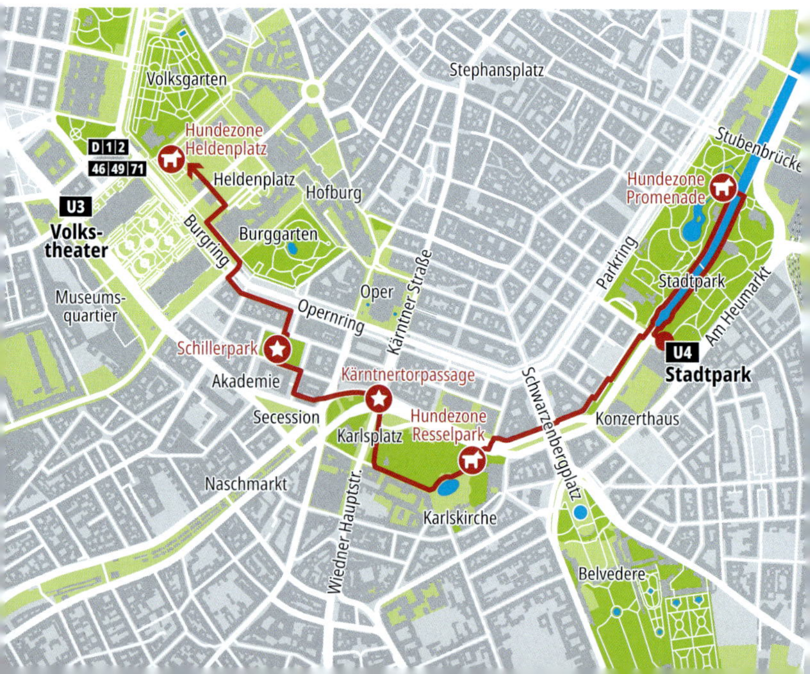

ein, passieren statistische Zahlen zu den verzehrten Schnitzeln in Wien und nehmen den Aufgang Makartgasse. Direkt vor der Akademie der bildenden Künste befindet sich ein Otto-Wagner-Denkmal. Rechts weiter zum Schillerplatz, wo sich Schiller und Goethe, auf der anderen Ringseite sitzend, tagtäglich in die Augen blicken. Vom Schillerdenkmal gehen wir über den Robert-Stolz-Platz zur Ringstraße und queren diese an der Straßenbahnstation. Nun am Ring entlang durch das Burgtor zum Heldenplatz. Zur Rechten befindet sich das Prinz-Eugen-Reiterdenkmal, zur Linken das Erzherzog-Karl-Reiterdenkmal. Die abschließende Hundezone finden wir im linken Bereich hinter dem Burgtor.

HAXERL HEBEN AM HELDENPLATZ

Was hat die Monarchie nicht alles für Spuren in Wien hinterlassen. Für Tourist:innen werden Tür und Tor zu Museen und Schlössern geöffnet, Bauwerke, Straßen und Denkmäler erinnern an die kaiserliche Zeit Wiens. Ebenfalls auf die Kaiserzeit zurückzuführen ist die Hundesteuer. »Seine kaiserliche und königliche apostolische Majestät wurde angehalten, einen Antrag auf Einführung einer Hundesteuer allergnädigst zu genehmigen«, so der Wortlaut im Jahr 1869. So kam es auch: Vier Gulden waren pro Jahr an die Stadtkasse fällig. Zur Zeit des Kaisers Franz Joseph waren Vierbeiner am Heldenplatz das Normalste der Welt, und Kaiserin Elisabeth hatte sich persönlich dafür eingesetzt, dass Hunde am Heldenplatz ihr Haxerl heben durften und auch weiterhin dürfen.

Bereits zur Habsburgerzeit wurde der Heldenplatz zur politischen Repräsentation genutzt. Zum Lichtermeer im Jahr 1993 kamen rund 300.000 Menschen auf den Platz.▼

Beethoven-Denkmal

Am Heldenplatz

TOUR 23

Freie Wesen

Erschnüffelbare Naturerlebnisse im Nationalpark Donau-Auen

Obere und Untere Lobau markieren das westliche Ende des Nationalparks Donau-Auen, der sich 38 Kilometer ostwärts bis an die Staatsgrenze zur Slowakei zieht. Die Besetzung der Hainburger Au im Jahr 1984 war der Schlüsselmoment in der Errichtung eines Nationalparks und die Geburtsstunde der modernen Umweltbewegung. Legendär geworden ist die »Pressekonferenz der Tiere«, in welcher PolitikerInnen allen Couleurs als in der Au heimische Tiere auftraten. Mit diesem Wissen spazieren heutzutage Zwei- und Vierbeiner durch den Nationalpark und merken sich folgenden Satz: »RespekTIERE das Schutzgebiet.« Dann steht einer genussvollen Gassitour nichts mehr im Wege.

Nackte Tatsachen

Alt bis Jung findet sich an sommerlichen Tagen rund um die buchtenreiche Dechantlacke in der Lobau ein, und sie präsentieren sich so natürlich wie möglich: nackt! Freikörperkultur und Lobau kommen seit Generationen in einem Atemzug vor. Die Dechantlacke ist dabei die erste Anlaufstelle für nackte Badegäste. Nie überfüllt, aber auch nie einsam, ist dieser ruhige Badeort ein nicht abflachender Sehnsuchtsort für Generationen von Nacktbadenden.

START & ANREISE
1220 Wien, Biberhaufenweg 228
Linie 92B › Raffineriestraße/Biberhaufenweg (Haltestelle am Ausgangspunkt)

WEGVERLAUF
Biberhaufenweg › Nationalparkhaus › Josefsteg › Mühlwasser › Josefsteg › Dechantlacke › Biberhaufenweg

TOUR
5,6km (2h) | R | ↑20hm | einfach

Wegbeschreibung

An der Bushaltestelle Biberhaufenweg queren wir die Raffineriestraße und gehen zum Gasthof »Roter Hiasl«. Danach passieren wir eine Hundeschule und biegen zum informati-

Josefsteg

ven Nationalparkhaus ab. Hunde sind in den Ausstellungsräumen leider nicht erlaubt. Wollen wir uns Infomaterial holen, können wir unseren Liebling ein paar Sekunden an vorhandene Leinenhaken anbinden.

Jetzt geht's aber ab ins Grüne! Zunächst betreten wir auf dem Dechantweg den Nationalpark Donau-Auen, biegen jedoch einem Zaun folgend links auf einen schmalen Trampelpfad ab. Wir folgen diesem durch dichten Auwald. Der Pfad mündet in eine Kiesstraße, zur Linken befindet sich der Parkplatz vom Knusperhaus, rechts erblicken wir sogleich eine Gabelung und nehmen den linken, im Vergleich etwas schmaleren Weg. Dieser führt uns nun durch schattigen Wald und offene Wiesen zum Josefsteg, den wir übersetzen. Direkt nach dem Steg links, sogleich wieder vom Kiesweg links auf einen schmalen Trampelpfad wechseln, genannt Fuchsweg.

Anfänglich ist der Pfad sehr schmal, wird nahe dem Tischwasser jedoch etwas breiter. Hier haben wir jedenfalls die Ruhe gepachtet. Der Weg ist an sich vorgegeben: nahe dem Ufer, sehr kurvenreich, teils auch wieder etwas schmäler. Kurz vor einer hölzernen Plattform öffnet sich der Weg, hier verlassen wir auch das Gewässer und gehen rechts zu einer Kiesstraße im offenen Gelände. Es geht retour zum Josefsteg, queren diesen abermals, gehen danach jedoch geradeaus weiter. Am Ende des Weges rechts, bei der ersten Kreuzung links zur Dechantlacke. Wir umgehen das Gewässer und haben mehrmals die Möglichkeit zum Wasser abzusteigen. Der Hauptweg führt uns wieder zurück zum Nationalparkhaus, der Biberhaufenweg zur Bushaltestelle.

»DRUNT' IN DER LOBAU,...

...wenn ich das Platzerl nur wüsst, hab ich ein Mädel geküsst.« Mit diesen Worten beginnt ein Wienerlied aus dem Jahr 1926, komponiert von Heinrich Strecker mit dem Text aus der Feder des Schriftstellers Fritz Löhner-Beda, nach welchem in Meidling die Löhnergasse benannt ist. Die Lobau galt nämlich schon zu damaliger Zeit als Naherholungsgebiet und als Treffpunkt für die auch heute noch bestehende Freikörperkultur. Diese Kultur dürfte nicht vom Aussterben bedroht sein, im Gegensatz zu einigen Tier- und Pflanzenarten, wie zum Beispiel der Rotbauchunke. Diese Art wird in Österreich als gefährdet eingestuft, findet aber in den Gebieten der Lobau ein wichtiges Rückzugsgebiet vor. Seit dem Jahr 1996 ist die Lobau auch Teil des Nationalparks Donau-Auen.

Sonderausstellungen und informative Schautafeln zeigen die Besonderheiten des Nationalparks Donau-Auen.▼

Wege durch die Lobau

Im Nationalparkhaus

TOUR 24

Elitäre Schnauzen

Spaziergang zu edlen Gartenanlagen, wilden Grünstreifen und chilligen Ruheplätzen

Zwei schattige Hundezonen und ein riesiger Garten zum Flanieren, Ballspielen oder einfach nur zum Stundenverfliegenlassen sind die Leckerlis, die uns bei der Hunderunde durch den Augarten erwarten. Auf den vielen Wegen durch das Areal treffen wir immer wieder auf andere Vierbeiner. So richtig rund geht's dann aber erst in den beiden Hundezonen.

START & ANREISE
1020 Wien, Obere Augartenstraße 30
Linien 31, 5A, 5B › Obere Augartenstraße (Haltestelle am Ausgangspunkt)

WEGVERLAUF
Haupttor Augarten › Sternkreuzung › HuZo Augarten West › Tor Nordpolstraße › HuZo Augarten Ost › Haupttor Augarten

TOUR
3,4km (1¼h) | R | ↑10hm | einfach

Historischer Augarten

Die ersten Anfänge, am heutigen Areal des Augartens eine Parkanlage zu errichten, gehen zurück ins Jahr 1614. In der damals noch unberührten Aulandschaft ließ Kaiser Matthias ein kleines Jagdschloss errichten, das er in den Folgejahren um zusätzliche kleine Palais und Gärten sowie einem barocken Lustpark erweiterte – ehe mit Ausnahme von Teilen der Mauer die gesamte Anlage bei der zweiten Wiener Türkenbelagerung im Jahr 1683 vollständig zerstört wurde. Kaiser Joseph I. gab daraufhin dem Gartenarchitekten Jean Trehet den Auftrag, eine neue Gartenanlage anzulegen. Trehet realisierte bereits die Anlagen im Schloss Schönbrunn und im Belvedere, so vertraute man ihm die Gestaltung des Augartens an. Mehr als 300 Jahre später entspricht das heutige Erscheinungsbild weitgehend der Form von damals. Nur zwei markante Gebäude stechen hervor. Die beiden zum Ende des Zweiten Weltkrieges errichteten Flaktürme sind ein Markenzeichen und mittlerweile Teil des Augartens geworden. Ende der 1960er-Jahre wollte man

Sonnenuntergang im Augarten

zumindest einen der beiden Türme loswerden. Die Sprengung scheiterte jedoch und so stehen die scheinbar unzerstörbaren grauen Betonklötze weiterhin im grünen Augarten und werden es noch lange tun.

Wegbeschreibung

Wir starten bei der Haltestelle Obere Augartenstraße und betreten das Areal durch das Haupttor. Doch erst nach der ersten Allee landen wir links im eigentlichen Gelände des Augartens. Zunächst zieht die Leine unseres Vierbeiners geradeaus weiter, nach der Wiesenfläche biegen wir jedoch rechts zu einer Sternkreuzung mit unterschiedlichen Wegen ab. Hier wechseln wir links auf den breiten Hauptweg und gehen geradeaus zum Westende des Parks und zur dortigen Hundezone mit einer Wasserstelle. Weiter geht's nun am Pfad neben der Mauer entlang in Richtung Nordosten. Nahe dem Ausgang am Nordende wandern wir rechts parallel zum

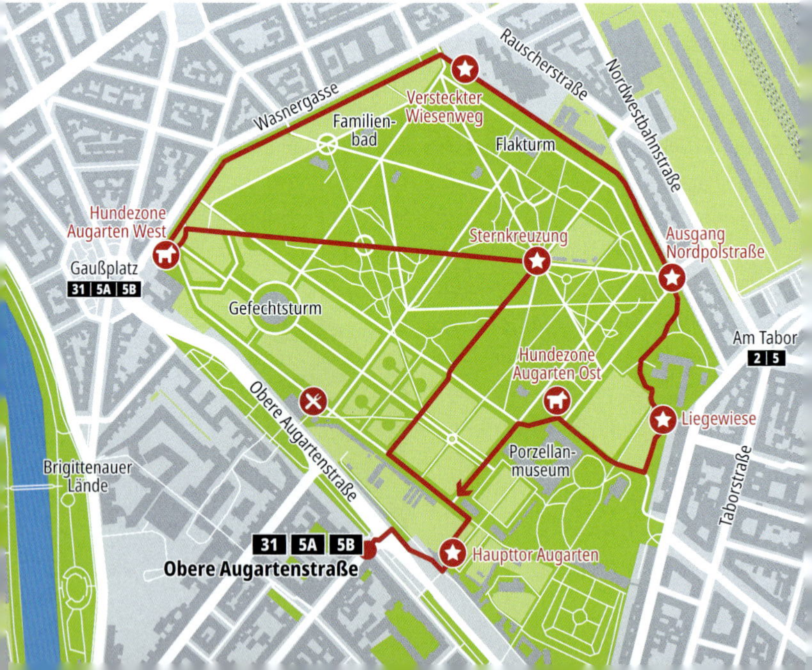

Hauptweg nahe der Mauer zum Seniorenheim entlang. Der versteckte Wiesenweg führt uns an einem weiteren Flakturm vorbei zu einem Heckendurchgang und zum Ostausgang bei der Nordpolstraße zu unserer Linken. Wir wandern am Ausgang vorbei, wenden uns links von der Allee ab und gehen rechts am Atelier Augarten vorbei. Dem Weg links folgend erreichen wir eine Liegewiese – an deren Ende spazieren wir zurück zur Allee im Augarten. Dabei gelangen wir direkt an die schattige Hundezone Augarten Ost. Der weiterführende Weg führt vor der Hundezone nach links der Mauer entlang und wiederum links zur Allee beim Haupttor. Den restlichen Weg kennen wir bereits und spazieren retour zum Ausgangspunkt.

SINGENDES PORZELLAN

Der Augarten ist nicht nur eine 52 Hektar große Parkanlage, sondern auch Standort zweier österreichischer Exportschlager. Seit 1948 residieren die Wiener Sängerknaben im Palais Augarten und nutzen das Gebäude als Wohnsitz, Übungsstätte und Ausbildungsort. Die Tradition von Hofsängerknaben geht zurück ins Jahr 1498, noch bis 1918 musizierte die Hofmusikkapelle ausschließlich für den kaiserlichen Hof. Mit der Neugründung im Jahr 1924 öffneten sich die Sängerknaben und tingeln seither mit ihren Matrosenanzügen um die Welt. Ebenso exportorientiert ist die im Augarten benachbarte Porzellanmanufaktur, Exponate wurden sogar im japanischen Kaiserpalast gesichtet. Das teuerste österreichische Porzellan wird hier im Augarten immer noch händisch hergestellt.

Nach und nach wurde der Augarten in seinen barocken Ursprung zurückgewandelt.▼

Verstecktes Wegerl

Wiener Porzellanmanufaktur Augarten

TOUR 25

Freche Wedler

Am Mühlwasser unzählige Uferwege und ruhige Rastplätze erschnüffeln

Es ist ein Leichtes, sich an den teils einsamen Uferbereichen am Mühlwasser einfach in die Wiese zu legen und in den Himmel zu starren. Unsere liebste Gassigeher:in wird uns schon signalisieren, wenn Zwei- und Vierbeiner wieder Auslauf brauchen. Die Runde um das Mühlwasser ist jedenfalls für beides perfekt zu haben.

START & ANREISE
1220 Wien, Schickgasse 25
Linien U2, 25, 92A, 95A, 96A › Hardeggasse (Haltestelle am Ausgangspunkt)

WEGVERLAUF
Friedhof Stadlau › Mühlgrundweg › Mühlwasser › Biberhaufenweg › Mühlwasser › HuZo Mühlgrund › U2 Hardeggasse

TOUR
7,8km (2¾h) | R | ↑10hm | einfach

Bib, der Baumeister

Bis zu 30kg schwer kann der Biber werden. Das macht ihn zum größten Nagetier Europas – und für manche zum größten Feind. Immer wieder werden wir am Mühlwasser Spuren der geschickten Baumeister entdecken. Im Sommer ernähren sie sich von Schilf, Wasserpflanzen und Kräutern, im Winter nagen sie Weiden und Pappeln an, denn sie benötigen Baumvorräte. Obwohl die Nager in den vergangenen Jahrhunderten stark bejagt wurden, konnte er in Wien wieder alle geeigneten Lebensräume besetzen. Rund 230 Biber werden in Wien, außerhalb des Nationalparks Donau-Auen, vermutet. Mehr sollen es angeblich nicht mehr werden. Um Bäume in parkähnlichen Bereichen zu schützen, werden Drahtgitter aufgezogen und ein Schutzanstrich aufgetragen. Auch »Ablenkungsfütterungen« locken den Biber von einzelnen Bäumen weg. Diese Maßnahmen beruhigen hoffentlich auch die Feinde des Nagers.

Wegbeschreibung

Wir spazieren an der U2-Station Hardeggasse zum Friedhof Stadlau.

Biberspuren

Links daran vorbei und rechts in den Hannes-Schulz-Weg. Wir wechseln links auf den Wiesenweg am Mühlgrund nahe dem »Indianerspielplatz« und folgen diesem südwärts zum querenden Mühlgrundweg. Hier kurz rechts, vor dem Haus Nr. 18 links auf einen schmalen Pfad abbiegen, über den Kastaniensteg zum südlichen Ufer des Mühlwassers. Bei der ersten Gelegenheit links auf einen Trampelpfad nahe dem Uferbereich einschwenken. An der kommenden Straßenkreuzung die Kanalstraße queren und direkt neben dem Ufer des Unteren Mühlwassers weiterwandern. Ein paar Höhenmeter sind zum Binsenweg zu überwinden, diesen geradeaus queren und wieder auf einem schmalen Pfad am Ufer entlang. Der Weg führt in einer Rechtskurve zu einem Parkplatz und zum Schilfweg. Hier links entlang der wenig befahrenen Straße zum Biberhaufenweg. Wir queren das Mühlwasser zum Nordufer und gehen wieder retour Rich-

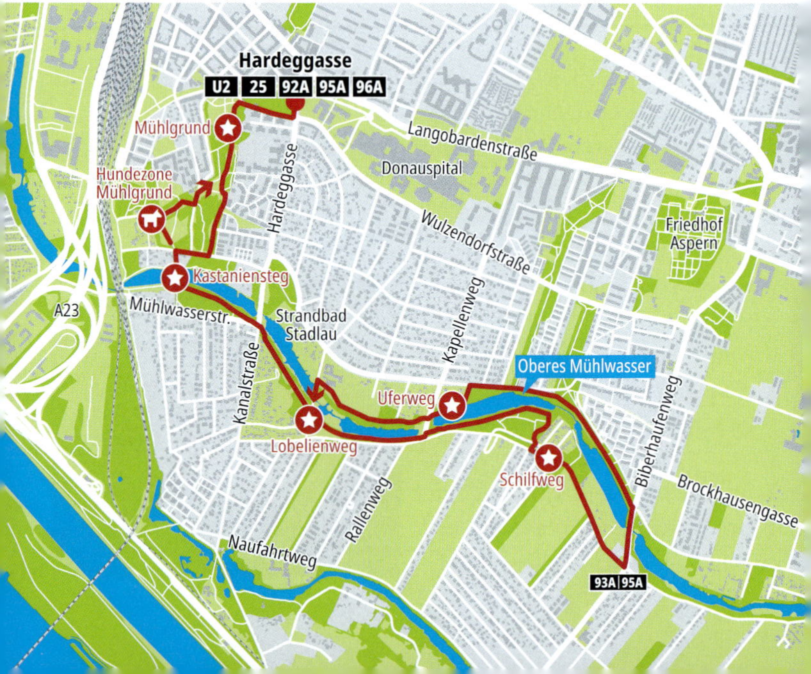

tung Ausgangspunkt. Der Weg mündet in die Straße Am Mühlwasser, auf welcher wir nun rund 200 Meter unterwegs sind, danach biegen wir wieder links zum Ufer ab und wandern am Trampelpfad weiter. Wir queren den Binsenweg und queren bei der nächsten Gelegenheit am Lobelienweg das Mühlwasser wieder zum südlichen Ufer. Weiter geht's am schon bekannten Uferweg retour zur Kanalstraße und zum Mühlgrundweg. Hier jedoch kurz links halten und gleich wieder rechts auf eine weite Wiese zur Hundeauslaufzone am Mühlgrund einbiegen. Diese können wir durchqueren, gehen geradeaus zur Mühlgrundgasse, schwenken auf einen Wiesenweg ein und landen wieder am Ausgangspunkt.

HUNDEFRAU VON STADLAU

Über 50 Jahre war sie die bekannteste Gassigeherin des 22. Bezirks – und das, obwohl sie keine waschechte Donaustädterin war, sondern eine in den 60er-Jahren »Zugezogene«. Frau Ilse hatte eines Tages Mitleid mit einer Hündin, die im Auto einer Frau warten musste und fragte die Hundebesitzerin, ob sie mit dem kleinen Racker eine Gassirunde drehen kann. Sie bejahte und nicht nur das, Frau Ilse erhielt gleich den Wohnungsschlüssel und holte ab nun Cora fast täglich ab, deren Besitzerin wenig Zeit für die Setterhündin hatte. Das waren die Anfänge der »Hundefrau von Stadlau«. Es sprach sich schnell herum, dass Frau Ilse ein großes Herz für Hunde hatte. Sie wurde oft mit bis zu fünf Hunden gesehen. Geld hatte sie nie verlangt, denn ihr taten die auslaufarmen Hunde einfach leid.

Bei Spaziergängen mit mehreren Hunden gleichzeitig müssen vor allem Zweibeiner den Überblick bewahren können.▼

Rast am Mühlwasser

Gassi-Gruppe

MENSCH - TIER - NATUR
Diplomierte Tiertrainerin
Mein Angebot & Versprechen: Durch optimale Beziehungsarbeit, Beschäftigungs- & Welpentraining und die passende Ausrüstung/ Ernährung die perfekte Beziehung zu deinem Tier auf-/ausbauen pfotedrauf! Außerdem biete ich Dog Walking & Tiersitting an.
Pfotedrauf.at
Tel.: 0670 / 40 66 003
Mail: info@pfotedrauf.at
linkedin.com/in/pfotedrauf
facebook.com/pfotedrauf.at
www.pfotedrauf.at
@PFOTEDRAUF.AT

WUFF'S BEST
NUR DAS BESTE FÜR DEINEN LIEBLING
Sorgfältig ausgewählt & von Hunden getestet
5€
Gutschein
CODE: WGG-5
WWW.WUFFS-BEST.COM
Erhalte 5€ Nachlass auf deinen Einkauf ab 25€; gültig bis 30.06.2024

TOUR 26

Lustige Spieler

Von der Parkanlage über den Grünstreifen zur wildwüchsigen Gstettn

Ein Spaziergang entlang der verkehrsreichsten Straße Österreichs, auf der täglich etwa 180.000 Fahrzeuge unterwegs sind. Erst bei den Heuberggstätten entfernen sich Mensch und Tier mehr als 100 Meter Luftlinie von der Südosttangente. Klingt nicht wirklich nach Spaß, oder? Doch! Denn von dieser Stadtautobahn bekommen wir auf den naturnahen Wegen vom Otto-Probst-Platz bis zum Alten Landgut relativ wenig mit. Asphaltwege sind bei dieser Tour absolute Mangelware. Dazu sind die grünen Wege keineswegs überlaufen und, pssst, gelten wohl noch als Geheimtipp.

START & ANREISE
1100 Wien, Otto-Probst-Platz
Linie 11 › Otto-Probst-Platz
(Haltestelle am Ausgangspunkt)

WEGVERLAUF
HuZo Johann-Benda-Park › Wienerfeldsiedlung › Parkanlage Laxenburger Straße › Heuberggstätten › U1 Altes Landgut

TOUR
4,6km (1½h) | S | ↑50hm | einfach

Natürliches Chaos

»Am Anfang war die Gstettn« lautet der Titel einer Broschüre, die zu Orten in der Stadt führt, die von der Natur zurückerobert wurden und in denen teilweise Wildwuchs zugelassen wird. Einer dieser Orte ist die Heuberggstätten. Sie wurde früher aktiv vom Menschen genutzt, heute nutzen sie Wuffi und Co. als weitläufige Auslaufzone. Die pilzförmigen Entlüftungsschächte im Boden verraten, dass wir uns hier auf einem ehemaligen Deponiegelände befinden. Heute dient die weitläufige Wiesenlandschaft der Naherholung und ist ob ihrer Lage auch bei Drachensteiger:innen beliebt.

Wegbeschreibung

Würde die Straßenbahn am Otto-Probst-Platz keine Schleife drehen, sondern noch ein paar Meter unter die Südosttangente hindurchfahren, müssten wir den Start der Tour in den

Heuberggstätten

23. Bezirk verlegen. Wobei es eher Zufall ist, dass gerade an dieser Stelle die Südosttangente als Bezirksgrenze fungiert. Unserer lieben Vierbeinerin sind solche Hirngespinste eher egal, sie will nur zur nächsten Hundezone. So kommen wir hin: Von der Station Otto-Probst-Platz gehen wir ostwärts links an einem WC-Häuschen vorbei, queren das Straßenbahngleis und betreten den Johann-Benda-Park. An der Gabelung den rechten und schattigen Weg nehmen, dieser führt uns kurvenreich durch die naturnah gestaltete Parkanlage zur gewünschten Hundezone mit Rastplatz. Wassertränken finden sich vor und nach der Hundezone. Wenige Minuten danach einige Stufen abwärts zur Neilreichgasse und geradeaus an einem Skatepark vorbei in die Parkanlage Wienerfeldsiedlung wechseln. Gemeinsam mit dem Stadtwanderweg 12 begehen wir den Grünstreifen neben der Tangente zur Laxenburger Straße. Wir queren diese und spazieren halbrechts wieder auf

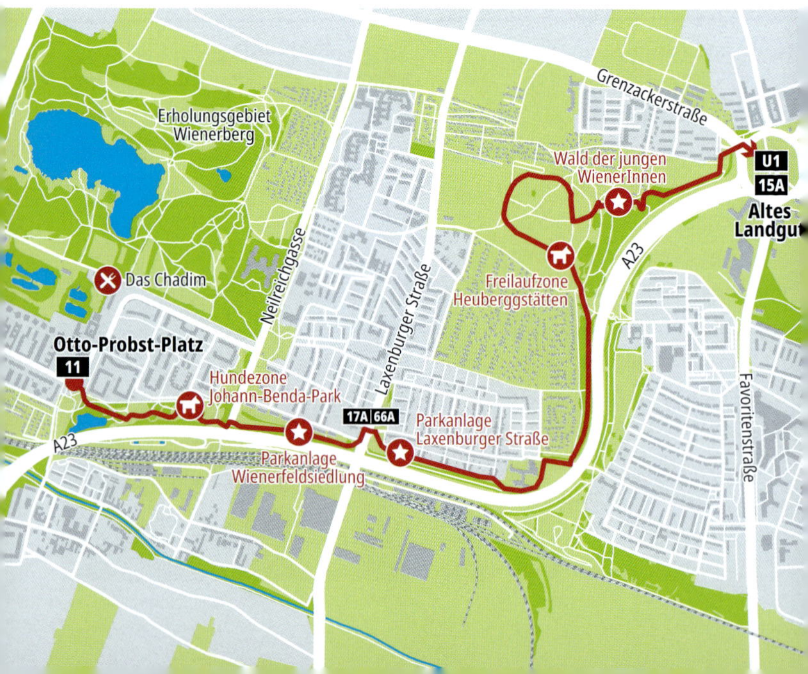

einem Grünstreifen weiter, der Parkanlage Laxenburger Straße. Der Weg führt um eine Schule herum zur Per-Albin-Hansson-Straße. Kurz rechts, vor der Brücke über die Tangente wieder links auf einen Grünstreifen wechseln, rechts halten und leicht aufwärts wandern. Oben angekommen steigen wir zur Heuberggstätten ab. Geradeaus betreten wir die große Hundeauslaufzone und können das Gelände in einem großen Rechtsbogen umrunden. Einige Rastplätze und schattige Flächen finden sich in der Mitte des Auslaufgebietes bei einem Robinienhain. Wir verlassen das Areal im Osten, nahe dem Wald der jungen WienerInnen (Holztafel), und folgen der Beschilderung des Stadtwanderwegs 7. Diese führt uns zum Verteilerkreis und zur U1-Station »Altes Landgut.«

FORSCHE AUFFORSTUNG

Mit Gürtel meinen die gelernten WienerInnen entweder das, was ihnen in der Öffentlichkeit eine Peinlichkeit erspart oder die um den Stadtkern führende Hauptverkehrsader. Dass es jedoch auch in Wien einen grünen Gürtel gibt, ist noch weniger bekannt. Der sogenannte Wiener Grüngürtel wurde bereits im Jahr 1905 zum »Schutzgebiet Wald- und Wiesengürtel« erklärt. Die Stadt ist bemüht, den Grüngürtel rund um die Donaumetropole zu schließen und zu vergrößern. Und tatsächlich: Pro Jahr wächst die Waldfläche Wiens um rund 50.000 Quadratmeter, das entspricht einer Fläche von rund sieben Fußballfeldern. Alljährlich werden im Herbst bei der Pflanzaktion »Wald der jungen Wienerinnen« waldarme Gebiete aufgeforstet. Wie auch im Jahr 1997 bei der Heuberggstätten.

Hinkommen, mitmachen und Bäumchen pflanzen. Jeder kann bei der alljährlichen Wald-Pflanzaktion dabei sein und einen neuen Wald entstehen lassen.▼

Endstation Otto-Probst-Platz

Wald der jungen WienerInnen

TOUR 27

Schlaue Freunde

Tour durch den 23. Bezirk von Hundezone zu Hundezone und an der Liesing entlang

Kondition und Konditionierung: Beides ist zwischen Atzgersdorf und Liesing notwendig, um mit dem eigenen Vierbeiner genussvoll eine ausgiebige und gemütliche Gassirunde zu drehen.

Nobel, Nobel

Eine Büste von Fridtjof-Nansen blickt aus dem gleichnamigen Park wachsam in die Wiener Innenstadt. Nansen war ein norwegischer Zoologe und Polarforscher, der im Rahmen einer Expedition im Jahr 1888 als erster Mensch Grönland über das Inlandeis durchquerte. Nach dem Ersten Weltkrieg diente er als Hochkommissar für Flüchtlingsfragen im neu gegründeten Völkerbund und erhielt 1922 für seine Verdienste um die Flüchtlingshilfe den Friedensnobelpreis. Einige Jahre zuvor erhielt Iwan Petrowitsch Pawlow den Medizin-Nobelpreis für seine Arbeit am »Pawlowschen Hund«. Er beobachtete, dass Hunde bereits auf die Schritte ihres Besitzers mit Speichelfluss reagierten, selbst ohne sichtbares Futter. Pawlow testete diese Theorie, indem er eine Glocke läutete und den Hunden danach Futter gab. Diesen Vorgang wiederholte er mehrmals und konnte schließlich feststellen, dass allein das Läuten der Glocke den Speichelfluss der Hunde auslöste – ein Phänomen, das er als Konditionierung bezeichnete.

START & ANREISE
1230 Wien, Knotzenbachgasse 40
Linien S1, S2, S3, S4, 56A, 58A, 58B, 60A, 66A › Atzgersdorf

WEGVERLAUF
Parkanlage Dirmhirngasse › HuZo Fridtjof-Nansen-Park › HuZo Theophil-Hansen-Gasse › Liesingbach › Aquädukt › HuZo Herbert-Mayr-Park › Bahnhof Liesing › Parkanlage Reklewskigasse

TOUR
5,7km (2h) | R | ↑60hm | einfach

Wegbeschreibung

Bei der S-Bahn-Station Atzgersdorf wählen wir den Abgang zur Knotzenbachgasse und queren die Parkanlage

Kein Freund von schiefen Gebäuden

zur Amstergasse. Diese spazieren wir aufwärts und wechseln links zur schattigen Hundezone im Fridtjof-Nansen-Park. Die Route geht weiter durch die Parkanlage und führt via Stufen zur Rudolf-Zeller-Gasse. Nach links und bei der zweiten Kreuzung nach rechts in die Lodrongasse. Wir wechseln links in die Theophil-Hansen-Gasse zur nächsten Hundezone, in welcher im Sommer sogar ein kleines Plantschbecken aufgestellt ist. Wir durchqueren die Hundezone und spazieren die Rudolf-Waisenhorn-Gasse aufwärts, ehe wir links in eine Sackgasse einschwenken und die Hoferstiege abwärts gehen. Über die Breitenfurter Straße und quer durch eine Wohnanlage zum Liesingbach. Hier links die Liesing entlang, unter dem Aquädukt hindurch und nach rechts die Liesing queren zur Hundezone im Herbert-Mayr-Park, die einem kleinen Wald gleicht und sich zum Verstecken eignet. Unsere Route führt auf die linke Seite der Liesing und

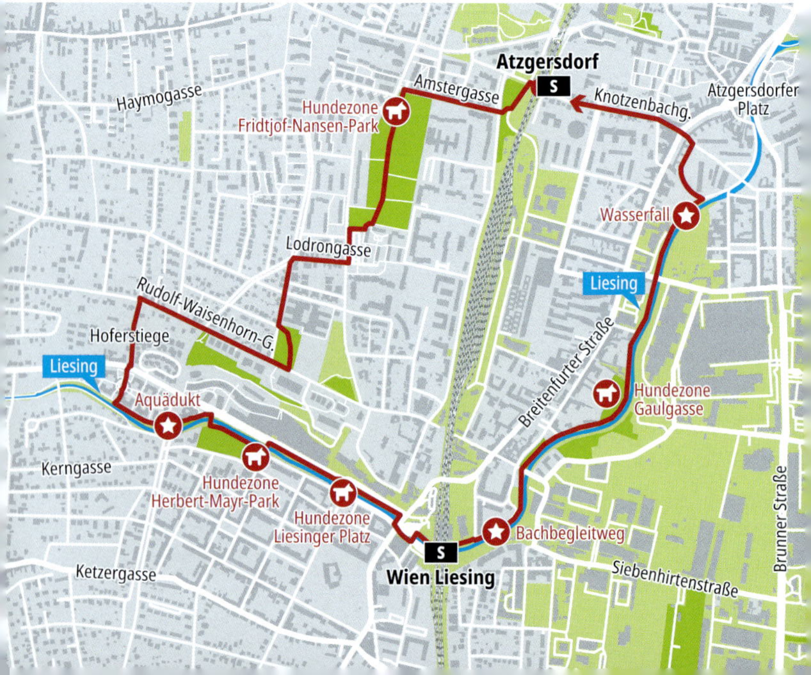

neben der Breitenfurter Straße zur winzigen Hundezone am Liesinger Platz. Wir übersetzen via Ampelkreuzungen zum Bahnhof Liesing und nehmen die Unterführung. Kurz danach rechts einige Stufen abwärts auf einen etwas holprigen Weg neben dem Liesingbach. Diesem nun flussabwärts folgen, ehe der Weg über eine Rampe hinauf führt. Wem die Strecke bis dorthin zu holprig ist, steigt auf den Bachbegleitweg hinauf und spaziert auf diesem weiter. Zur Rechten rauscht ein Wasserfall, wir gehen noch kurz an der Parkanlage Reklewskigasse entlang, biegen dann aber links zu einer Wohnhausanlage ab und erreichen die Breitenfurter Straße. Diese queren wir in die Knotzenbachgasse gehen retour zur S-Bahn-Station.

DÜRR UND REICH

Spazieren wir von Liesing entlang des gleichnamigen Baches zurück nach Atzgersdorf, plätschert neben uns das bereits vereinte Gewässer talwärts. Einige Kilometer flussaufwärts treffen sich die Dürre und die Reiche Liesing. Die zusätzliche Bezeichnung der beiden Quellbäche ist geologischen Ursprungs. Der Einzugsbereich der Dürren Liesing befindet sich in großen Teilen im Kalk- und Dolomitbereich, einem wasserdurchlässigen Gestein, in welchem die Wasserführung stark schwankt. Währenddessen entspringt die Reiche Liesing im Flyschgebiet und fließt durch eher wasserundurchlässiges Gestein. Bei Starkregen kann die Reiche Liesing dementsprechend rasch anschwellen, die Dürre Liesing in trockenen Sommerzeiten komplett versiegen.

Seit 2020 laufen die Renaturierungsarbeiten entlang der Liesing. In den bereits umgesetzten Bereichen ist wieder ein vitaler Bach mit einem vielfältigen Lebensraum entstanden. ▼

Immer sind andere Hunde gemeint

Idylle an der Liesing

TOUR 28

Stolze Helden

Mit Höhenmetern durch den Schottenwald und am Halterbach entlang zur Spitalwiese

Die Wege des Wienerwaldes sind unergründlich. Dachte man viele Jahre lang, ehe der Tourismus aufkam und es notwendig wurde, bestimmte Wege zu Gaststätten, Gipfeln oder besonderen Orten mit Wegmarkierungen zu versehen. Damit die Städter nach ihrem Ausflug in die Natur auch wieder unbeschadet zurückkehren konnten. Heute sind wir äußerst dankbar über die markierten und beschilderten Wege im Wienerwald, denn uns führen sie gut markiert bei dieser Gassitour zuerst zum Schottenhof, dann zur Rieglerhütte und zur Hundeauslaufzone auf der Spitalwiese. Und unter uns: Genau dort wollen wir hin!

Tue Gutes und sprich darüber

Ein Teil des Schottenhofes ist das »Zentrum für tiergestützte Pädagogik«. Tiere, vor allem Pferde und Hunde, werden hier als Co-Therapeuten bzw. Co-Pädagogen bei Menschen eingesetzt, die infolge einer körperlichen, geistigen oder seelischen Schädigung beeinträchtigt sind. Der Kinderpsychotherapeut Boris M. Levinson setzte sich seit 1969 mit der heilsamen Wirkung von Tieren auf Menschen auseinander. Der Umgang

START & ANREISE
1140 Wien, Karl-Bekehrty-Straße 1
Linie 52A › Karl-Bekehrty-Straße (Haltestelle am Ausgangspunkt)

WEGVERLAUF
Amundsenstraße › Schottenhof › Abstecher Rieglerhütte › Halterbach › Spitalwiese › Halterbach › Karl-Bekehrty-Straße

TOUR
6,8km (2½h) | R | ↑150hm | mittel

mit Tieren kann sowohl Kinder als auch Erwachsene in ihrer Entwicklung fördern. Die blutdrucksenkende und kreislaufstabilisierende Wirkung beispielsweise wurde mehrmals nachgewiesen. Das Zentrum mit seinem zwei- und vierbeinigen Team hat sich als kompetenter Ort etabliert, Menschen mit und ohne Behinderungen zusammenzubringen.

Am Stadtwanderweg 8

Wegbeschreibung

Von der Haltestelle Karl-Bekehrty-Straße kurz zurück zum Kreisverkehr und auf dem schmalen Gehsteig die Amundsenstraße hinaufwandern. Nach einem Parkplatz auf den Waldweg wechseln (grün markierter Amundsentrail) und aufwärts zum Schottenhof spazieren. Auf diesem Abschnitt achten wir auf Mountainbiker von hinten, die ebenso diesen »Shared-Trail« hinaufstrampeln. Am Privatparkplatz vom Schottenhof queren wir die Amundsenstraße und nehmen den Weg links vom Gebäudekomplex (Beschilderung und gelbe Markierung). Nach wenigen Metern können wir links einer versteckten Wald-Hundeschule einen Besuch abstatten (Beschilderung). Weiter geht's auf dem markierten Weg zu einer Lichtung und vorbei an einem Wegkreuz. Nach einer weiteren Lichtung geradeaus und an der nächsten Wegkreuzung links zum querenden Stadtwanderweg 8. Scharf rechts wäre ein

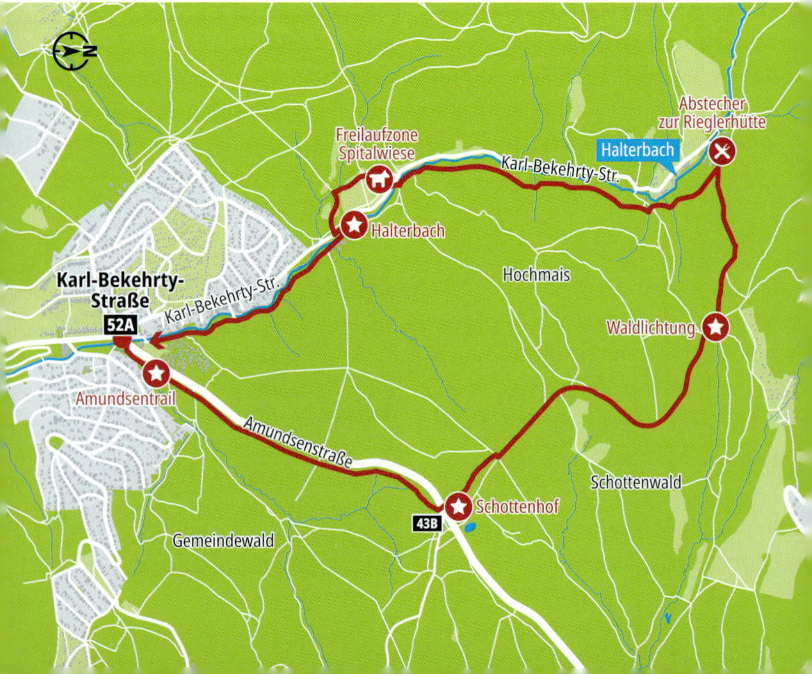

Abstecher zur Rieglerhütte möglich (Freitag bis Sonntag geöffnet). Auf dem Stadtwanderweg nun weiter oberhalb des Halterbaches durch den schattigen Wald zu einer Brücke und zur Auslaufzone Spitalwiese. Leinenlos spazieren wir über die Wiese zum Waldrand, gehen links und queren die Grünfläche zum nächsten Waldrand.

Wir betreten wieder den Wald, der Stadtwanderweg wendet sich rechts, wir biegen jedoch links über eine Wiese zur Schotterstraße ab. Kurz links, gleich wieder rechts über eine Brücke und direkt dahinter rechts auf einen Trampelpfad wechseln. Dieser führt entlang des Halterbachs zur Amundsenstraße. Rechts kommen wir in wenigen Schritten zur nahen Haltestelle.

ES FLIEGT, ES FLIEGT, ES FLIEGT

Hier geht's ab: Lasst die Leinen los und vier Pfoten fetzen über die weitläufige Wiese hinweg. Genauer gesagt handelt es sich um die Spitalwiese und diese wird gänzlich vom vierbeinigen Volke einvernommen, während die zweibeinige Spezies meist nur bei der Hetz zusehen darf. Ein schattiger Rastplatz in der Mitte der Wiese hilft dabei. Doch für die meisten Hunde ist hier auf der Wiese Action angesagt. So ist bei vielen Hunden die Welt auf der Spitalwiese eine Kugel – und zwar so eine, die fliegt. Wenn möglich weit und noch viel weiter. Da können sich viele Hunde besonders glücklich schätzen, dass die »Droge« Ball noch legal verwendet werden darf. Und wie so oft gibt es sogar für diese Art der Betätigung eine bezeichnete Hundesportart: Flyball.

Während des Ballspiels schüttet der Hundekörper die Botenstoffe Adrenalin und Dopamin aus. Beide wirken extrem anregend und berauschend und können zur Sucht führen. ▼

Für die Orientierung relevant

Die Welt ist ein Ball

©AdobeStock/Dewald

Feine Nasen

Wein, Wald und Hundebellen – himmlische Gassitour mit Wienblick

Eine weitläufige Auslaufzone, grandiose Ausblicke, schattige Wege, ruhige Pausenplätze und zum Abschluss ein kleines Bächlein und urige Heurige. Mit unserem Wuffi haben wir in den Grinzinger Bergen die perfekte »Melange« als Gassitour gefunden.

Charakter eines Baumes

Am Himmel symbolisieren vier Jahreszeitenbäume im Innenkreis und 36 weitere Lebensbäume im Außenkreis den Verlauf eines ganzen Jahres. Lebensbaumkreis nennt sich dieses Areal, gegen dem Uhrzeigersinn ist aufsteigend jedem persönlichen Geburtsdatum ein eigener Baum zugeordnet. Das Jahr beginnt und endet mit dem Apfelbaum, der laut Beschreibung flexibel, ausdauernd, tolerant und hilfsbereit ist. Außerdem flirtet der Apfelbaum gerne. Bei jedem Baum sind Beschreibungen sowie die Geburtsdaten auffindbar. Welche Eigenschaften haben nun Haselnuss, Linde, Weide oder Zypresse? Finden wir unseren persönlichen Lebensbaum und überprüfen wir, ob die Eigenschaften für Zwei- und Vierbeiner gleichermaßen zutreffen. Ist unser Hund gar vielleicht ein Apfelbaum?

START & ANREISE
1190 Wien, Straßergasse 4
Linien 38, 38A › Grinzing
(Haltestelle am Ausgangspunkt)

WEGVERLAUF
Straßergasse › Kirche Kaasgraben › Bellevuewiese › HuZo Himmelstraße › Am Himmel › Paula-Wessely-Weg › Grinzing

TOUR
6,5km (2½h) | R | ↑190hm | mittel

Wegbeschreibung

Von der Haltestelle Grinzing schwenken wir in die südlich davon liegende Straßergasse ein, zwischen Haus Nr. 49 und 57 links auf einen schmalen Gehweg. Dieser führt am Friedhof Grinzing entlang und zur Kirche Maria Schmerzen im Kaasgraben. Mittels Seitenaufgang erreichen wir das Außengelände der Kirche und steigen

Resche Esche? Finden wir's heraus.

hinab zum Stefan-Esders-Platz. Am anderen Ende der Parkanlage betreten wir den steil emporführenden Schulsteig. Nach einigen Stufen erreichen wir eine kleine Kreuzung, hier nach rechts zwischen Gärten und Häusern auf dem schmalen, schattigen und teils hoch eingezäunten Hornspergsteig zur Bellevuestraße. Menschen und Hunde mit klaustrophobischen Ansätzen sollten diesen Abschnitt eher meiden und bereits vom Stefan-Esders-Platz in die Kaasgrabengasse wechseln. Begehen wir jedoch den Hornspergsteig, gehen wir über die Bellevuestraße in die Kaasgrabengasse. Wir folgen dem Weg an Weingärten vorbei und gehen die weiterführende Bellevuestraße hinauf. Nach wenigen Minuten halbrechts auf die Bellevuewiese, am oberen Ende befinden sich schattige Rastbänke mit einer prächtigen Aussicht auf Wien. Noch können wir unseren Liebling nicht von der Leine lassen, aber gleich. Von der Anhöhe steigen wir

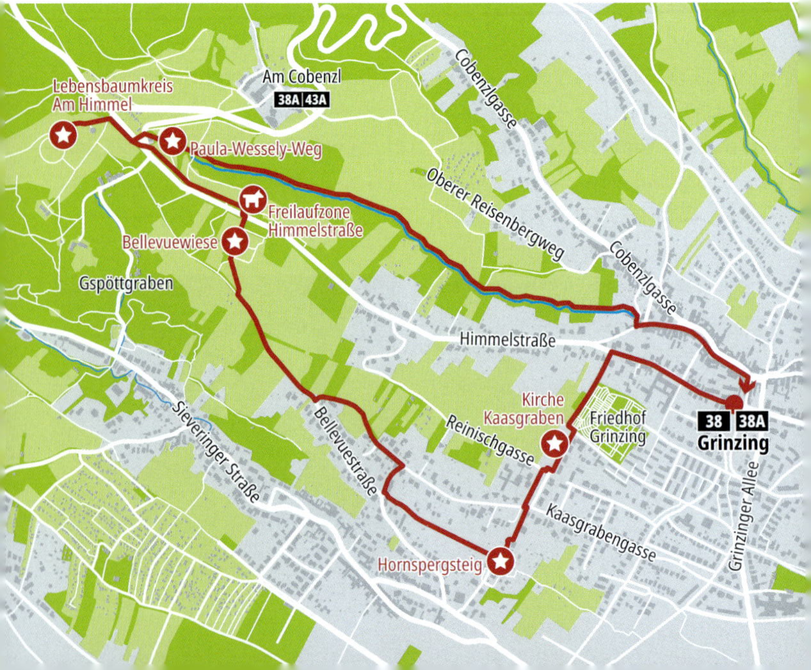

hinab zu einem Parkplatz und landen an der Himmelstraße. Hier beginnt der nicht eingezäunte Auslaufplatz, zieht sich nach links (westwärts) Richtung Häuserl am Himmel und entlässt uns an einem kleinen Platz mit Wasserstelle vor der Gaststätte. Um zum Lebensbaumkreis zu kommen, wandern wir die Himmelstraße ein kurzes Stück hinauf, biegen zum Oktogon ab und gehen rechts davon vorbei. Haben wir die Lebensbäume von Zwei- und Vierbeiner bestimmt, wandern wir wieder zum Häuserl am Himmel zurück und nehmen den links davon startenden Paula-Wessely-Weg. Dieser führt neben dem Reisenbergbach, vorbei an Weingärten und schattigen Wäldern, hinab nach Grinzing. Die Himmelstraße bringt uns retour zum Ausgangspunkt.

ASSISTENZHUNDE

In der Wohngemeinschaft »Am Himmel« finden Kinder und Jugendliche mit Behinderung ein Zuhause. Menschen mit Behinderung brauchen im Alltag oft Unterstützung, die sie entweder von anderen Menschen erhalten, aber auch von Vierbeinern. Assistenzhunde unterstützen Menschen mit Sehbehinderung, Hörbehinderung, mit chronischen Erkrankungen und helfen bei eingeschränkter Mobilität. Damit unser Liebling Assistenzhund werden kann, muss er gesundheitlich dafür in der Lage sein, ein neutrales Wesen zeigen, eine spezielle Ausbildung durchlaufen und eine positive Beurteilung erhalten. Erst wenn der Hund alle Schritte absolviert hat und bei der betroffenen Person einen Platz gefunden hat, kann er sich als Assistenzhund bezeichnen.

Neben der Wohngemeinschaft befindet sich die dazugehörige Gärtnerei Am Himmel. Hier werden Obst, Gemüse und Kräuter angebaut, geerntet und zu Produkten verarbeitet.

Kirche Maria Schmerzen

Hund und Mensch als Team

TOUR 30

Coole Streuner

Den renaturierten Wienfluss von Hütteldorf nach Weidlingau erwandern

Alles fließt, wenn wir unseren Liebling schnappen und gemeinsam flussaufwärts die Wien entlangdackeln. Den Radfahrer:innen weichen wir so gut es geht aus und dazwischen können wir uns sogar in einer Hundezone auspowern.

Im Fluss sein

Die »Wien« – oder den Wienfluss – würden wir im Stadtgebiet nicht unbedingt als Wildwasser mit alpinem Charakter bezeichnen. Doch genau das trifft auf das 34km lange Gewässer zu. Zwei Quellflüsse, die Dürre und die Kalte Wien, bilden bei Pressbaum den gemeinsamen Wienfluss, fast 400 Höhenmeter fällt er von der Quelle zur Mündung in den Donaukanal ab. Auch aufgrund des geologischen Untergrundes im Oberlauf kann der Wienfluss bei viel Regen innerhalb kurzer Zeit stark anschwellen. Im Normalfall führt der Fluss rund 200 Liter pro Sekunde, bei Hochwasser kann sich die Wassermenge jedoch bis um das 2000-fache vergrößern und der Pegel innerhalb von zehn Minuten um einen Meter ansteigen. Daher: Bei Regenwetter lassen wir die Wien allein fließen.

START & ANREISE
1140 Wien, Keißlergasse 5
Linien U4, S45, S50, S80 › Hütteldorf (Haltestelle am Ausgangspunkt)

WEGVERLAUF
Hackinger-Steg › Wienfluss › Nikolaisteg › HuZo Ferdinand-Wolf-Park › Wienflussaufsicht › Bahnhof Weidlingau

TOUR
4,7km (1½h) | S | ↑20hm | einfach

Wegbeschreibung

Wir verlassen den Bahnhof Hütteldorf auf der Südseite und übersetzen den Wienfluss und die B1. Unten angekommen, gehen wir zurück zur B1 und nehmen die Rampe hinab zum Wienfluss. Hier haben wir nun zwei Möglichkeiten, die Route fortzusetzen: Einerseits eine abenteuerliche Strecke, die uns mitten auf der Rampe

Wienflussaufsicht am Mauerbach

scharf links auf die linke Uferseite flussaufwärts führt. Dieser Abschnitt zum Nikolaisteg ist kein echter Gehweg, kann aber bei Niedrigwasser begangen werden. Hier passieren wir die im Flussbett eingelassenen Grabsteine und gehen in weiterer Folge auf naturnahen Wegen zum Nikolaisteg. Dort gilt es eine kleine, vierstufige Leiter zu überwinden, um zum Steg hinaufwandern zu können. Unser Liebling muss also wohl über die kleine Steilstufe gehoben werden. Die weniger abenteuerliche und klassische Route führt am anderen Ufer flussaufwärts am kombinierten Geh- und Radweg zum Nikolaisteg. Welchen Weg wir auch wählen: Am Nikolaisteg verlassen wir kurz den Wienfluss nordwärts zur Hundezone am Ferdinand-Wolf-Park. Wir wandern vom Park wieder zum Wienflussweg und folgen dem Geh- und Radweg flussaufwärts. Rund 100 Meter nach dem Nikolaisteg begehen wir halbrechts eine aufwärts führende Rampe und

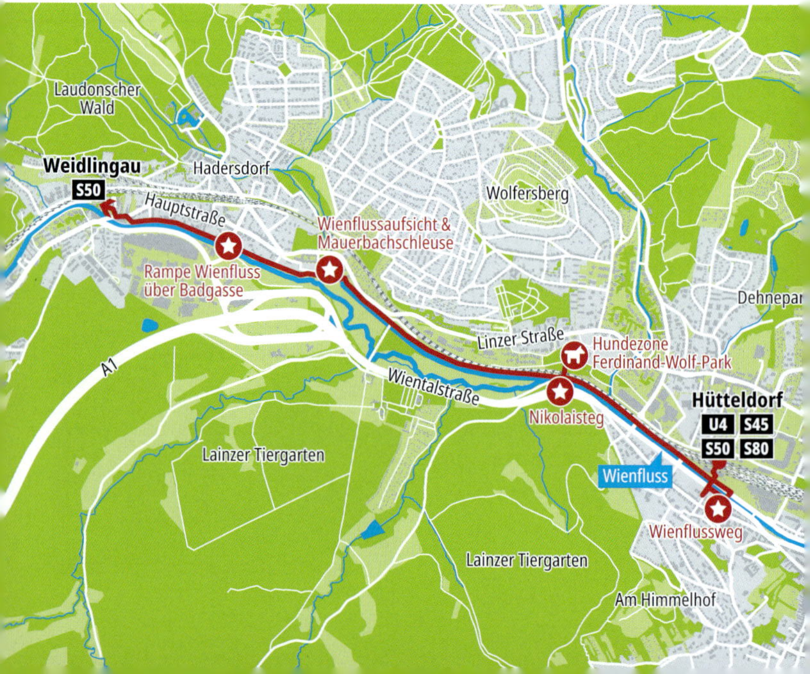

wandern die Bahntrasse entlang. Es geht bald wieder hinab zum Gewässer, wir begehen einige Stufen und queren den Mauerbach. Oberhalb des Retentionsbeckens gehen wir weiter, passieren die Kirche Mariabrunn, queren die Badgasse und wandern geradeaus am Wienflussweg weiter. Wenn die Möglichkeit besteht, können wir nun auch die Rampe abwärts zum Gewässer nehmen. Nach der Ha-Wei-Brücke (Hadersdorf-Weidlingau) geht's geradeaus weiter am Gehweg, ehe die Route einen Rechtsbogen zur Hauptstraße in Weidlingau vollzieht.

Über die Herzmanskystraße geht's zum Bahnhof Weidlingau. Von hier entweder zurück nach Hütteldorf, oder wir hängen die Tour 37 über Purkersdorf Sanatorium an.

ZURÜCK ZUR NATUR

Viele Jahrhunderte lang war der Wienfluss ein wichtiges Gewässer für das Wiener Volk, Mühlen und Gewerbebetriebe suchten die Nähe zum Fluss. Ende des 19. Jahrhunderts wurde das Gewässer jedoch als störend empfunden und sollte im Zuge der Wienfluss-Regulierung hauptsächlich unterirdisch fließen, was zwischen der Kettenbrückengasse und dem Stadtpark auch realisiert wurde. Aus Geldmangel kam die Verlängerung des Deckels zum Schloss Schönbrunn nicht zustande. Geblieben ist ein gepflastertes und wenig attraktives Gerinne. Jedoch hat ein Umdenken begonnen, was die Renaturierung des Flusslaufes im Westen zwischen Nikolaisteg und Halterbach bewirkte. Und auch für die innerstädtischen Bereich gibt es Überlegungen, dem Wienfluss etwas Natur zurückzugeben.

Auf trockenen Böschungen fühlt sich die Königskerze wohl, sie zählt zu den ergiebigsten Pollenlieferanten für zahlreiche Insekten. ▼

Geplantsche im Wienfluss

Königskerze

TOUR 31

Aktive Gipfelstürmer

Sportliche Gassitour im Wienerwald für alle, die hoch hinauswollen

Bergfexe und solche, die es noch werden wollen, aufgepasst: Höher werdet ihr in Wien nicht aufsteigen können. Eine Auslaufzone suchen wir bei dieser Tour zwar vergeblich, das Walderlebnis mit wundervollem Blick auf Wien macht's aber wieder gut.

START & ANREISE
1190 Wien, Am Cobenzl
Linien 38A, 43A › Cobenzl Parkplatz (Haltestelle am Ausgangspunkt)

WEGVERLAUF
Landgut Wien Cobenzl › Kreuzeiche › Gasthaus zum Agnesbrünnl › Hermannskogel › Rohrerwiese › Aussicht am Cobenzl

TOUR
7,5km (2¾h) | R | ↑210hm | schwer

Über sieben Gipfel musst du gehen

Sind uns die höchsten Berge der Welt etwas zu hoch gegriffen, könnten wir uns auch mit den »Wiener Seven Summits« begnügen. Auf Wiener Stadtgebiet gibt es sieben Erhebungen, die höher als 500 Meter Seehöhe liegen. Eine davon erklimmen wir bei dieser Gassitour: den Hermannskogel. Mit 544 Metern ist er zugleich der höchste Gipfel Wiens. Unweit davon, östlich der Jägerwiese, befindet sich der Vogelsangberg. Weiter entfernt liegen, in der Nähe der Sophienalpe, der Schutzengelberg und der Rosskopf. Die restlichen drei Gipfel über 500 Meter müssen wir ohne Hund erklimmen, denn diese befinden sich allesamt im Lainzer Tiergarten. Kaltbründlberg, Hornauskogel und der höchste Punkt des Dreihufeisenberges auf Wiener Stadtgebiet, direkt an der Lainzer Tiergartenmauer. Haben wir alle Gipfel erklommen, summiert sich die Gipfelhöhe auf 3.606m – 192m unterhalb des Großglockners.

Wegbeschreibung

❚ Von der Haltestelle Cobenzl folgen wir dem rot markierten Weg zur Jägerwiese, zunächst am Waldgrill und am Kinderbauernhof vorbei. Zur Linken können wir einen Abstecher auf

Esel auf der Jägerwiese

einen neu angelegten Naturlehrpfad unternehmen. Der Wanderweg führt uns an einer kleinen Aussichtsterrasse vorbei und bergauf durch den schattigen Buchenwald zur Kreuzeiche.

Wir wählen den blau markierten Weg links vom Kreuz und gehen zur Jägerwiese (Stempelstation Stadtwanderweg 2), wo wir im Gasthaus »Zum Agnesbrünnl« einkehren oder in der angrenzenden Wiese eine Pause einlegen können. Das sagenumwobene Brünnl befindet sich gut beschildert ein paar Gehminuten nordwärts. Für die weitere Wegstrecke leitet uns ein Karrenweg an einem Weidezaun vorbei in den Wald, an der Kogelwiese vorbei und durch den Wald immer weiter hinauf an den Rand der Goldwiese. Von hier aus erreichen wir nach wenigen Minuten die Habsburgwarte am 544 Meter hohen Hermannskogel, der höchsten Erhebung Wiens. Unsere Gassiroute führt zurück zur Goldwiese und in einem Linksbogen hinab

an den Rand der Rohrerwiese nahe der Höhenstraße. Direkt am Beginn der Wiese scharf nach links, bei einer Gabelung rechts dem blau markierten Weg folgen. Ohne große Höhenunterschiede kommen wir der Höhenstraße sehr nahe, wechseln auf den Holzknechtsteig, queren einen Graben nach links und unterschreiten die Höhenstraße bei der Kohlenbrennerbrücke. Der blau markierte Weg führt auf schattigen Waldwegen zur Höhenstraße und zu einem Parkplatz, wir queren die Straße und wandern Richtung Cobenzl. Am Beginn einer weitläufigen Wiese, bereits mit Blick zum Cobenzl, steigen wir einen Wiesenweg zum Aussichtspunkt hinauf. Von hier geht's hinunter zum Weingut und zurück zum Ausgangspunkt.

LOTTO SPIELEN AM AGNESBRÜNNL

Vom Gasthaus am Agnesbrünnl erreichen wir die namensgleiche Quelle in wenigen Gassi-Minuten. Dieses Brünnl wurde vor dem 15. Jahrhundert als Jungbrunnen verehrt, daher auch der zusätzliche Name »Jungfernbrünnl«. Die Heilige Agnes galt als Namensgeberin für das über Jahrhunderte mehrfach wundertätig genutzte Brünnl. Mit dem Aufkommen des Zahlenlottos im Jahr 1752 pilgerten die Leute am Tag der Heiligen Agnes am 28. Jänner in Massen zum Brünnl, da auf dem Quellbecken die Glücksziffern abzulesen sein sollen. Im 19. Jahrhundert wurde dem Wasser eine wundertätige Wirkung bei Augenleiden nachgesagt. Sollte die Glücksfee nicht hold gewesen sein und sich das Auge nicht gebessert haben, kommt man wenigstens in den Genuss einer Wienerwald-Wanderung.

Der Holzknechtsteig hat nichts mit geschlägerten Bäumen zu tun, sondern mit der alten alpinen Gesellschaft »D'Holzknecht«.

Warte am Hermannskogel

Kohlenbrennerbrücke

TOUR 32

Enge Kumpanen

Entspanntes Flanieren an der Liesing mit Freilauf-Action im Draschepark

Die Liesing und die umliegende Natur kennenlernen: Das ist die Motivation für Zweibeiner, wenn sie von Alterlaa aus in Richtung Draschepark aufbrechen. Für Vierbeiner hingegen sind die Auslaufzonen am Beginn und am Ende der Tour sowie bei der Hälfte interessant. Denn hier gibt es, vor allem im Draschepark, einige versteckte Winkel, die es zu entdecken gilt.

START & ANREISE

1230 Wien, Anton-Baumgartner-Str. 121
Linien U6, 60A, 64A, 66A, 67B › Alterlaa (Haltestelle am Ausgangspunkt)

WEGVERLAUF

HuZo Wohnparkstraße › Liesingbach › Steinseeweg › HuZo Draschepark › Neu Steinhof › Liesingbach › Alterlaa

TOUR

5,6km (1¾h) | R | ↑10hm | einfach

Wohnen im Glück

Die bis zu 94 Meter hohen Bauten im Süden Wiens sind von vielerlei Seiten aus der Ferne markant erkennbar und gelten wohl auch als der bekannteste Wohnpark der Stadt. Drei Hochhausriegel stehen sinnbildlich für den Stadtteil Alterlaa. Entworfen wurden die Bauten, die mehr als 3.000 Wohneinheiten umfassen und für 9.000 BewohnerInnen angelegt wurden, vom Architekten Harry Glück. Die Wohneinheiten der unteren 12 Stockwerke können sich über einen eigenen Terrassengarten freuen. Eine spektakuläre Aussicht haben die BewohnerInnen jedoch von ganz oben, wenn sie auf den begehbaren Dächern in den Dach-Swimmingpools ihre Längen ziehen. Schulen, Kindergärten, Ärzte, Geschäfte und Restaurants verwandeln den Wohnpark Alterlaa in eine kleine Stadt. Wer sich dort wohlfühlt, hat offenbar »Glück gehabt«.

Wegbeschreibung

▌Von Meidling kommend halten wir uns idealerweise im hinteren Teil der U6 auf. Von hier geht's nämlich gleich direkt über die Stiege an den Gehweg

Alterlaa

am Fuße der Wohnanlage Alterlaa. Nun ein Stück stadteinwärts zur kleinen Hundezone Wohnparkstraße, von hier weiter zum Liesingbachbegleitweg und in Fließrichtung des Baches auf der rechten Uferseite weiterwandern. Wir passieren Kleingartenhäuser, queren die Gutheil-Schoder-Gasse und unterschreiten mehrere Brücken. Bald befinden wir uns im Draschepark, durchschreiten diesen und queren bei Inzersdorf die Liesing. Nun wandern wir am anderen Ufer retour und erreichen den bewaldeten Hundeauslaufplatz im Draschepark. Wir queren den Steg über den Altmannsdorfer Graben nach links, um wiederum, uns links haltend, auf einem schmalen Pfad neben der Liesing weiterzuwandern. Nach der schmalen Unterschreitung der Brücke der Badner Bahn steigen wir einige Höhenmeter hinauf und wechseln auf den Kiesweg. Nach der kommenden Brücke erreichen wir das Rückhaltebecken Neu Steinhof. Sind wir rechts

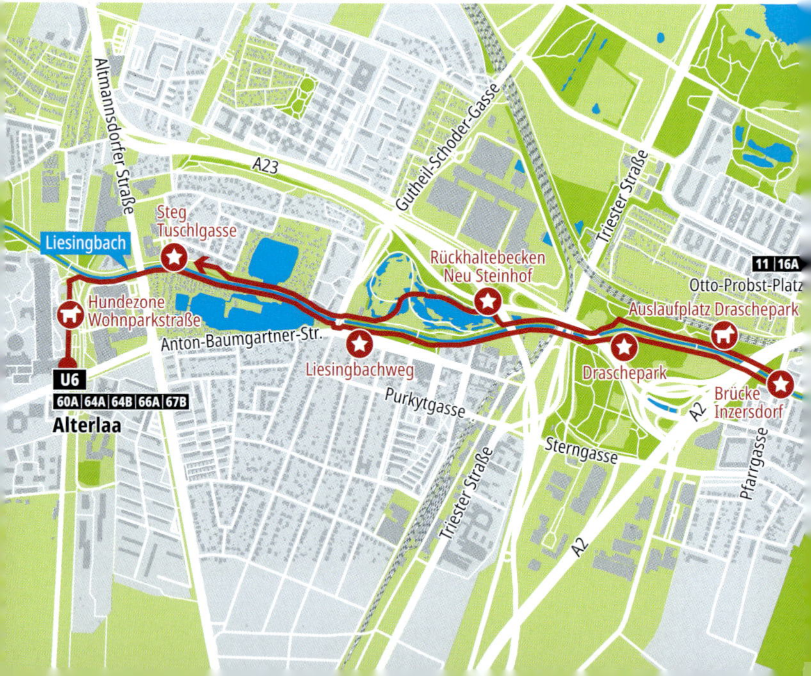

in das Areal abgebogen, nehmen wir bei der Gabelung den linken, leicht abwärts führenden Pfad und sind doch etwas überrascht. Denn das Rückhaltebecken ist auch ein Rückzugsbereich für die Natur geworden. Mit offenen Augen und schnüffelnden Nasen gehen wir an einer Kreuzung zunächst noch geradeaus, an der kommenden Gabelung halten wir uns links und kommen wieder zur Liesing. Vorbei am Infocenter Liesingbach, die Gutheil-Schoder-Gasse querend in die Terramaregasse. Wir gehen oberhalb der Liesing am bezeichneten Gehweg weiter und übersetzen am Steg Tuschlgasse die Liesing. Auf der anderen Uferseite am schon bekannten Weg über die Wohnparkstraße zurück zur Station Alterlaa.

DRASCHE-HISTORIE

Die Familie Drasche von Wartinberg erwarb im Jahr 1857 entlang der Liesing die beiden Schlösser Inzersdorf, errichtet jeweils im 17. bzw. 18. Jahrhundert. Das ältere Schloss mit angeschlossener Kirche schottete sich mit einem Wassergraben ab. Im Gegensatz dazu ging das Gelände des neuen Schlosses in die Breite, was sich in einem 10 Hektar großen Park im französischen Stil und einem 14 Hektar großen Schlosspark im englischen Stil manifestierte. Im Zweiten Weltkrieg wurden beide Schlösser beschädigt, die Errichtung der Wiener Südosttangente sorgte dann für den endgültigen Abriss. Die beiden Schlossparkanlagen wurden zum Teil vom neu errichteten Straßenzug überbaut und aus den grünen Restgebieten der öffentliche Draschepark errichtet.

Was sich im Draschepark noch alles befindet: Spielplätze, eine BMX-Bahn und ganzjährig geöffnete Grillplätze. So lässt sich hier mit Kind und Kegel ein ganzer Tag verbringen. ▼

Wildnis an der Liesing

Draschepark

TOUR 33

Helle Köpfchen

Pure Abwechslung für neugierige Nasen zwischen Döbling und Währing

In den Räumen der Universität für Bodenkultur werden sich nur helle Köpfchen von Prüfung zu Prüfung hanteln können. Was beim Menschen gilt, ist auch bei Hunden der Fall: Manche sind einfach intelligenter als andere. Intelligenz bei Hunden wird anhand von notwendigen Wiederholungen gemessen, um neue Befehle zu erlernen. In mehreren Studien stellten sich vier besondere Intelligenzbolzen heraus: Border Collie, Pudel, der Deutsche Schäferhund und – vielleicht etwas überraschend – der Golden Retriever.

START & ANREISE
1190 Wien, Krottenbachstraße 66
Linie 35A › Rodlergasse
(Haltestelle am Ausgangspunkt)

WEGVERLAUF
Hugo-Wolf-Park › Dänenstraße › Türkenschanzpark › Borkowskigasse › Hugo-Wolf-Park

TOUR
3,2km (1¼h) | R | ↑50hm | einfach

Auf den Wolf gekommen

Seit 1953 ist der Park, dem die Krottenbachstraße zu Füßen liegt, nach dem Komponisten Hugo Wolf benannt, zuvor war die 1924 errichtete Anlage als Hartäckerpark benannt. Der Park wurde auf dem Gelände einer ehemaligen Sandgrube auf einem Steilhang errichtet. Rund 40 Meter beträgt der Höhenunterschied zwischen Krottenbach- und Hartäckerstraße, die 200 Meter auseinander liegen. Die herumschlängelnden Wege und Serpentinen sind also nicht zur Zierde angelegt worden. Im Park selbst findet sich ein für Wien seltener, umfassender Baumbestand von Föhren. Wobei uns nicht wundert, dass Hugo Wolf eine Zeit lang in Perchtoldsdorf am Rande des heutigen Naturparks Föhrenberge seine Werke komponierte. Dankenswerterweise können auch Vierbeiner durch einen Teil der Anlage leinenlos herumwuseln.

Blick zum Kahlenberg

Wegbeschreibung

Die Haltestelle Rodlergasse liegt am Eingang des Hugo-Wolf-Parks. 500 Meter östlich ist die S45-Haltestelle Krottenbachstraße erreichbar. Wir betreten die Parkanlage und landen an einer nicht eingezäunten Auslaufzone. Die weitere Strecke führt links aufwärts zu einer Wegkreuzung und oberhalb des Familienbades zur Dänenstraße. Am Grünstreifen neben der Straße erreichen wir den Eingang zum Türkenschanzpark. Links am bunten Yunus-Emre-Brunnen vorbei und im Uhrzeigersinn stets am Rand des Parks entlang. Unsere Gassiroute passiert einen Wasserfall, den Vierziger-Teich mit großem Springbrunnen und ein Salettl, ehe wir am südöstlichen Ende des Parks zur Hundezone Türkenschanzpark Ost abbiegen. Wir durchqueren diese und gehen stets am südlichen Parkrand entlang. Links an der Meierei vorbei, kommen wir zur zweiten Hundezone mit einigen Kraxelutensilien und einer Wasserstelle.

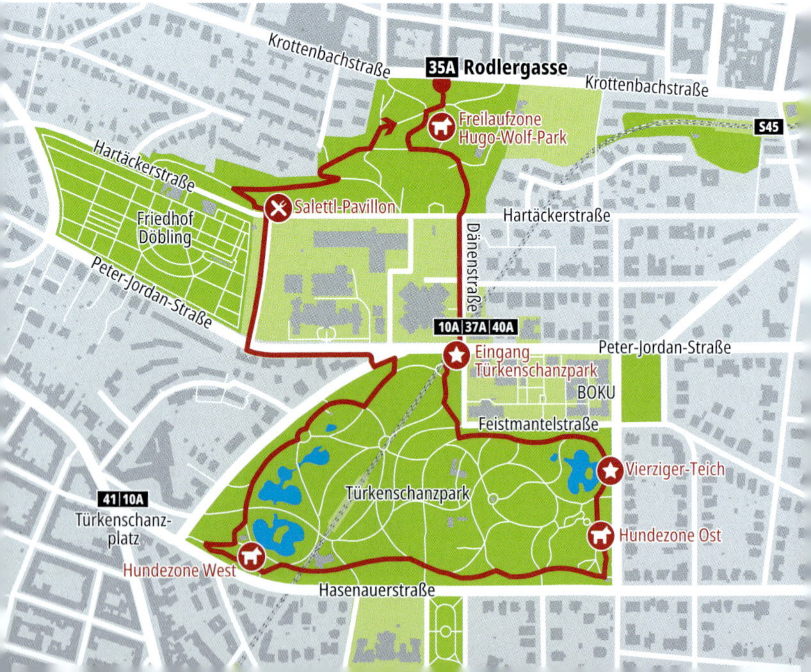

Die Zone queren wir westwärts, gehen nach Verlassen rechts am Gehweg wieder etwas retour in den Park und biegen nach einem Basketballplatz links ab. Die folgende Kreuzung geradeaus, am Kurparkteich vorbei, bei Tischtennisplätzen links halten und bei der nächsten Kreuzung abermals links abbiegen. Noch vor dem Yunus-Emre-Brunnen verlassen wir rund 50 Meter vorher den Park auf die Peter-Jordan-Straße. Vorbei am Wilhelm-Exner-Haus der Universität für Bodenkultur und nach der Haltestelle Borkowskigasse rechts zur Hartäckerstraße hinein. Beim Salettl-Pavillon in den Hugo-Wolf-Park und in weiterführenden Serpentinen hinab zur schon bekannten Auslaufzone und zur Haltestelle Rodlergasse.

NATURSCHUTZ AUF VIER PFOTEN

2022 feierte die Universität für Bodenkultur, kurz BOKU ihr 150-jähriges Bestehen. Das Motto dieser Lehreinrichtung am Türkenschanzpark wird durchaus ernst genommen und von den Studierenden hinausgetragen: »Universität der Nachhaltigkeit und des Lebens«. So haben mehrere Absolventen vor einigen Jahren den Verein »Naturschutzhunde« gegründet. Ausgebildete Naturschutzhunde werden mit ihrer feinen Nase im Natur- und Artenschutz eingesetzt. Sie spüren Tier- und Pflanzenarten auf, die für den Menschen oft nur schwer zu finden sind, oder sie erkennen Krankheiten. Wildkatzen- und Luchsspürhunde sind zwar noch eine Seltenheit, aber es gibt sie. Genauso wie Hunde, die den Borkenkäfer aufspüren und bestimmten Fledermäusen auf die Spur kommen.

Im Nachbarschaftsgarten Hugo-Wolf-Park lädt der Naschgarten zum Durchschlendern und zum Pflücken von Früchten ein. ▼

Universität für Bodenkultur

Naschgarten Hugo-Wolf-Park

TOUR 34

Nasse Lieblinge

Hunderunde zwischen Donau, Marchfeldkanal und Schwarzer Lacke

Entlang der Neuen Donau sind 120 rote Kästen an den Uferbereichen platziert, die hoffentlich niemals geöffnet werden müssen. In ihnen befinden sich Rettungsringe mit einem 30 Meter langen Seil, die im Notfall dazu dienen, Badegäste sicher ans rettende Ufer zu bringen. Dabei können auch Vierbeiner als Rettungskräfte agieren. Seit 2006 ist die Österreichische Hundewasserrettung aktiv. Hunde zeichnen sich in der Regel durch schnellere und ausdauernde Schwimmeigenschaften aus, weshalb sie selbst bei Temperaturen ins Wasser gehen können, die für Menschen ohne Neopren-Schutzanzug bereits gefährlich wären. Rettungshunde können daher zügiger bei Menschen in Not sein und sind sogar darauf trainiert, Personen ans Ufer zu ziehen oder die besagten Rettungsringe zu panischen Menschen zu bringen. Hundewasserrettung ist eigentlich nichts Neues, sondern geht auf eine lange Tradition zurück. Bereits Fischer und Seefahrer vertrauten auf die Rettungsdienste ihrer Hunde. Und natürlich können auch wir uns auf unseren Liebling in jeder Lebenslage verlassen.

START & ANREISE

1210 Wien, Überfuhrstraße 33
Linie 34A › Jedlesee, Überfuhrstraße (Haltestelle am Ausgangspunkt)

WEGVERLAUF

Jedleseer Aupark › Neue Donau › Am Hubertusdamm › Marchfeldkanal › Schwarze Lacke › Lorettowiese › Jedleseer Aupark

TOUR

5,6km (1¾h) | R | ↑20hm | einfach

Lacke und Kanal

Die Schwarze Lacke ist ein alter Seitenarm der Donau und heute Parkgelände. Nach dem Zweiten Weltkrieg wurde das Areal mit Schutt zerbombter Häuser und diversen Industrieabfällen aufgefüllt und begrünt. Genauso künstlich errichtet wurde der 18km lange Marchfeldkanal, der 1992 in Betrieb ging und seither die Gemü-

Marchfeldkanal

sefelder des Marchfeldes mit Wasser versorgt und uns als Naherholungsgebiet erfreut. Leider Badeverbot!

Wegbeschreibung

Von der Station Überfuhrstraße ist es nicht weit zum Jedleseer Aupark. Im Wald erreichen wir eine Lichtung mit Sitzbänken, gehen rechts weiter zum O'Brien-Denkmal auf einer Wiese und betreten wieder den Aupark. Weiterhin rechts haltend zur Beethovengedenkskulptur (große Stimmgabel), ab hier queren wir zur Neuen Donau und biegen rechts ab. Ist für Zwei- und Vierbeiner zu viel los auf diesem Weg (Radverkehr), dann direkt hinab zum Uferweg steigen. Nach rund einem Kilometer wechseln wir vor einem großen Parkplatz rechts auf die Fahrstraße und Brücke über die A22. Links weiter an der Straße Am Hubertusdamm zum Marchfeldkanal und diesen auf zwei Holzbrücken überschreiten. Rechts am Gewässer entlang, immer wieder mit Möglichkei-

ten, direkt das Ufer zu betreten. Am kommenden Querweg rechts, nach dem Kanal links und rund 100 Meter weiter bei einer Wiese auf einen Trampelpfad wechseln. Wir queren die Schlossergasse zum Vilma-Webenau-Park mit einer schattigen Hundezone.

Weiter in südlicher Richtung, vorbei am Kinderspielplatz in ein kleines Wäldchen, stets geradeaus zur Überfuhrstraße. Links zur Kirche Maria Loretto, direkt davor rechts zur Hundezone Lorettowiese. Weiter geht's für uns neben dem Sportplatz am Trampelpfad wieder in den Jedleseer Aupark. Im Wald die erste Möglichkeit rechts nehmen, nach einer Wiese abermals rechts halten und von der schon bekannten Lichtung mit Sitzbänken zurück retour.

SCHWARZER GRÜNSTREIFEN

Ein wohlgeformter Naturbogen mit einer eingezäunten Hundezone durchzieht Jedlesee vom Marchfeldkanal bis hin zum Jedleseer Aupark bzw. bis zur Neuen Donau. Auch wir wandern ein Stück diesem geschichtsträchtigen Grünstreifen entlang, der ehemaligen Schwarzen Lacke. Dieser Altarm der Donau ist im Zuge der Donauregulierung 1870 von den großen Wassermassen abgetrennt worden und wurde trockengelegt. Erst nach dem Zweiten Weltkrieg kam etwas Bewegung in die alte Schwarze Lacke, als sie mit Bau- und Schuttresten der zertrümmerten Häuser und Abfällen aufgefüllt wurde. Aus der Blauen Donau wurde die Schwarze Lacke, und genau über diesem Untergrund befindet sich nun ein satter Grünstreifen. Bald haben wir das Farbspektrum durch.

2013 wurde bei einem Hochwasser in Wien die Rekord-Durchflussmenge der Donau mit 11.050 m³/Sek. bestimmt. Das entspricht rund 92.000 vollen Badewannen pro Sek.

Lagerwiese Schlossergasse

O'Brien-Denkmal

TOUR 35

Treue Schatzis

Zwischen urbaner Seestadt und Hügellandschaft der Asperner Terrassen

Seit 2009 wird in Wien an einem der größten Stadtentwicklungsprojekte Europas gebaut. Die Seestadt Aspern soll, wenn alle Flächen rund um den künstlich errichteten See bis in die 2030er-Jahre bebaut sind, Platz für 25.000 Menschen zum Wohnen und 20.000 Arbeitsplätze bieten. Das neue Siedlungsgebiet zählt gleichzeitig zu den ältesten Wiens. Denn hier wurden im Jahr 1927 bei Grabungsarbeiten Keramiken aus einer Zeit von 5.000 v. Chr. gefunden. Die Gassitour in der Seestadt berührt nur einen Teil des verbauten Areals, der direkte Wasserzugang bei der Hundezone ist an heißen Sommertagen Gold wert.

Augen auf den Boden

Von der Seestadt Aspern führt ein hölzerner Steg in den östlich gelegenen Gedenkwald, der an die 65.000 ermordeten jüdischen Bürger:innen Wiens zwischen 1938 und 1945 erinnert. Im Boden des Stegs sind Metalltafeln eingelassen, die Schritt für Schritt, sowie je nach Gehrichtung, eine eigene Geschichte erzählen. Auf dem Weg in den Wald wird die antisemitische Gewalt und der Erinnerungsort an sich behandelt. Am Weg zurück in die Seestadt sind es historische Fakten, die sich mit Zitaten abwechseln. Für diesen interessanten Wegabschnitt werden wir wohl länger benötigen...

START & ANREISE
1220 Wien, Seestadtstraße 31
Linien U2, 84A, 88A, 88B › Seestadt (Haltestelle am Ausgangspunkt)

WEGVERLAUF
HuZo Seepark › Seestadtstraße › Gedenkplatz › Himmelteich › Asperner Terrassen › Seestadtstraße › Gedenkwald

TOUR
5,2km (1¾h) | R | ↑20hm | einfach

Wegbeschreibung

▌An der U2-Endstation nehmen wir den Abgang Seestadt und gehen nach links zum Kreisverkehr an der Janis-

Berechtigte Frage!

Joplin-Promenade. Im Seepark befindet sich auch die Hundezone mit Zugang zum Gewässer. Rettungsmaßnahme notwendig? Denn vielleicht fliegt ja ein Tennisball ins Wasser und muss von unserer Wasserratte gerettet werden. Weiter geht's an der Promenade entlang der Sonnenallee, rechts zur nächsten Ampelkreuzung und links die Seestadtstraße entlang. In einer Rechtskurve gehen wir geradeaus in Richtung Wald. Wir überschreiten einen Holzsteg mit Informationen über das ehemalige Flugfeld Aspern und die antisemitische Gewalt zwischen 1938 und 1945. Nach dem Steg landen wir an einer Lichtung mit Rastplatz und Gedenkstein. Hier rechts zu einer Querstraße, auf der Schotterstraße weiter an den Siedlungsrand und links an einigen Häusern vorbei. Bei der ersten Gelegenheit links auf einen Wiesenweg wechseln. Wir folgen dem kurvenreichen Weg, halten uns tendenziell rechts Richtung Wald und betreten diesen.

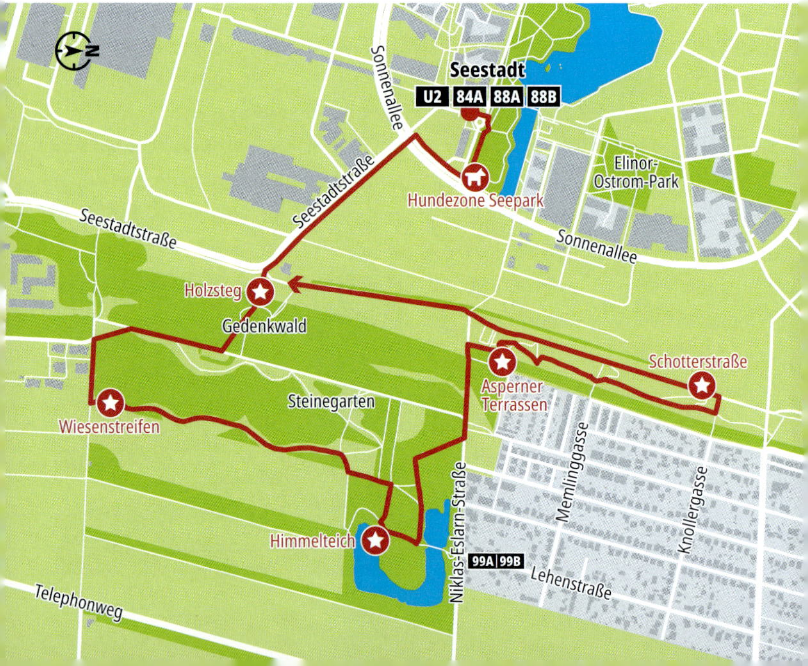

Bei einer unscheinbaren Wegkreuzung rechts zu einem breiteren Weg und links weiter. Zur Rechten befindet sich der Himmelteich mit Möglichkeit, zum Wasser abzusteigen. An einer Kreuzung mit Holztafel links und einem Trampelpfad folgen. Immer rechts haltend zu einem Geh- und Radweg am Siedlungsrand. Nach links Richtung Seestadt, kurz nach einem Waldstück aber hinauf auf die Asperner Terrassen. Einige Höhenmeter führen auf dieses Trockenrasengelände, ein gut sichtbarer Trampelpfad leitet uns nun nordwärts. Drei Mal geht's kurz runter und wieder rauf, beim vierten Abstieg wechseln wir links zur Schotterstraße. Wiederum nach links führt der Weg zur Seestadtstraße und zurück zum Ausgangspunkt.

REXGASSE ODER PIRIEPLATZ

Immer, wenn in Wien ein neuer Stadtteil entsteht, ist der Gemeinderatsausschuss für Kultur und Wissenschaft gefragt. Dieser beschließt neue Namen für Verkehrsflächen, die großteils im Zuge großer Bauprojekte entstehen. Dabei kann jeder und jede selbst einen Vorschlag für einen neuen Straßennamen bei der Vorstehung des jeweiligen Bezirkes einbringen, in dem die neue Verkehrsfläche entsteht. Historisch bedingt dominieren Männer die Straßen Wiens. Langsam holen aber auch die Frauen auf. Reichen wir uns selbst als Namensvorschlag ein, sollten wir uns keine großen Hoffnungen machen. Erst ein Jahr nach dem Tod kann eine Verkehrsfläche nach der verstorbenen Person benannt werden. Hundenamen sind von dieser Frist ausgenommen, ein Versuch wäre es also wert.

Die australische Kelpie-Hündin Maggie verstarb 2016 mit 30 Jahren und gilt seither als am längsten gelebt habender Hund.

Informativer Holzsteg

Himmelteich

TOUR 36

Große Herzen

Ausgiebige Gassitour vom Heustadelwasser zu riesigen Auslaufflächen

Kein Geheimtipp mehr sind die beiden riesigen Auslaufflächen im grünen Prater. Sind wir auf der Suche nach weitläufigen Freilaufstrecken, schattigen Wegen und Hundefreunden, dann ist diese Gassitour genau das Richtige. Ob Groß, ob Klein, ob Jung, ob Alt: Alle Zwei- und Vierbeiner finden sich hier gut zurecht. Die querende Liliputbahn müssen wir im Auslaufbereich Pelzmais beachten und auf der anliegenden Arenawiese sowie der Jesuitenwiese gilt striktes Hundeverbot. Als Abwechslung dienen die Wege entlang des Heustadelwassers und am Rosenteich.

Wer suchet, der findet

Immer wieder kommt es vor, dass LäuferInnen mit einer Karte in der Hand durch den Prater herumirren. Es sind Orientierungsläufer, die eine Route von Station zu Station abgrasen und somit ständig auf der Suche sind. Ein ähnliches Prinzip verfolgt »Mantrailing«. Mantrailer oder Personenspürhunde sind Hunde, die besonders gut darin sind, Gerüche unterschiedlicher Menschen zu unterscheiden und auch aufzuspüren. Hierzu eignen sich die weitläufigen Hundeauslaufflächen im Prater ideal fürs Training. Hat unser Liebling das Zeug zum Mantrailer?

START & ANREISE
1020 Wien, Trabrennstraße 6
Linien U2, 82A › Krieau
(Haltestelle am Ausgangspunkt)

WEGVERLAUF
Trabrennstraße › HuZo Pelzmais › Oberes & Unteres Heustadelwasser › HuZo Rustenschacher › Trabrennstraße

TOUR
7,8km (2¾h) | R | ↑10hm | einfach

Wegbeschreibung

Die Trabrennstraße führt uns von der U-Bahn-Station Krieau direkt zum Prater. Hier stoßen wir auf den weitläufigen Hundeauslaufplatz Pelzmais, wo wir erstmal ordentlich herumtol-

Hundeauslauf Rustenschacher

len dürfen. Hunde sind mitgemeint. Um jedoch für die Gassiroute weiterzukommen, wechseln wir gleich am Beginn der Hundezone links auf den Trampelpfad und folgen diesem am Zaun entlang zu einer Sternkreuzung mit Übersichtstafel. Wir wählen den Weg links der Tafel, spazieren an Sportplätzen und den Gleisen der Liliputbahn vorbei zur Hauptallee, queren die Stadionallee und wandern nach wenigen Metern auf einem Geh- und Radweg links vom Oberen Heustadelwasser weiter. Ein Abstecher zum romantischen Rosenteich lohnt sich immer. Weiter geht's am Weg neben dem Gewässer wieder zur Hauptallee. Nun am Naturweg links vom Unteren Heustadelwasser an dessen Ende weiterwandern und an der anderen Uferseite wieder retour. Weiter am Oberen Heustadelwasser entlang, nun weggleich den Stadtwanderweg 9 entlang. Wir landen wieder an der Stadionallee, queren diese, gehen links kurz am Weg parallel zur

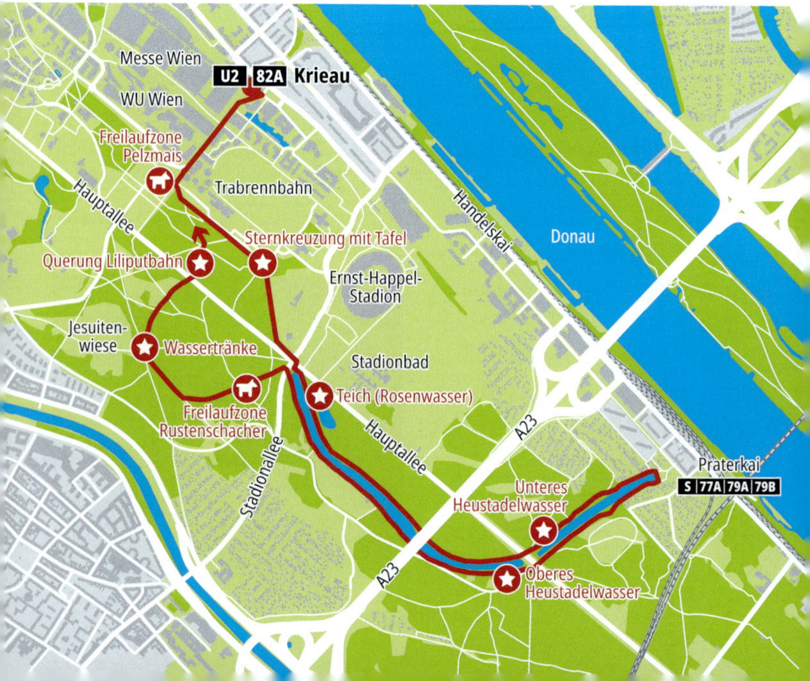

Straße mit der Hauptallee im Rücken und wenden uns nach 10 Metern halbrechts. Der breite Trampelpfad führt in die beschilderte Hundeauslaufzone Prater Rustenschacher, Wiens zweitgrößtem Auslaufbereich. Der breite Pfad ist vorgegeben, mündet in einen Kiesweg, die Hundezone endet bei einer Wasserstelle nahe der Jesuitenwiese (Hundeverbot). Wir gehen rechts am Rand der Hundezone weiter, queren wieder einmal die Hauptallee und landen abermals in der Auslaufzone Pelzmais, wo wir unseren Liebling nochmal von der Leine lassen können. Zwei Mal queren wir die Gleise der Liliputbahn und stoßen wieder auf den Weg am Waldrand. Hier links zur Trabrennstraße, die uns zurück zur U-Bahn-Station führt.

VOM WILDEN AFFEN GEBISSEN

Während der grüne Prater getrost als kleines Hundeauslaufparadies bezeichnet werden kann, fühlen sich die Vierbeiner im bunten und lauten Wurstelprater weniger wohl. Wobei sogar die Fahrt mit dem Riesenrad auch für Hunde mit Leine und Beißkorb erlaubt ist. Die Bezeichnung des Wurstelpraters geht zurück auf die ersten hier errichteten Praterhütten, die mit Kasperl- und Wursteltheatern (Hanswurst) das Volk bei Laune hielten. Offiziell wurde der Wurstelprater bereits 1872 in »Volksprater« umbenannt. Die Hütten wurden zugleich reguliert und erhielten Nummerierungen, gleichzeitig modernisierte man die Attraktionen. So verschwand auch das Affentheater, in dem bunt verkleidete Affen auf Hunden ritten.

Auf 3,9km tuckert die schmalspurige Liliputbahn durch den Prater. Die Dieselloks ergänzen Dampfloks, die 2022 testweise rußsparend mit Olivenkernen heizten.▼

Kurze Leinenpflicht an der Hauptallee

Liliputbahn

TOUR 37

Wilde Racker

Waldreicher Spaziergang zwischen Weidlingau & Purkersdorf

Wer sich bei dieser Tour verplaudert, kann sich leicht verirren. Denn es gilt einige versteckte Wege zu erschnüffeln, die uns – wenn gefunden – zu erholsamen Plätzen führen. Orientierungssinn bei Zwei- und Vierbeiner schaden demnach nicht, aber unserem Liebling sollten wir ja sowieso nicht mir nichts dir nichts nachlaufen.

START & ANREISE
1140 Wien, Herzmanskystraße 14
Linie S50 › Weidlingau
(Haltestelle am Ausgangspunkt)

WEGVERLAUF
Loudonstraße › Laudonscher Wald › Wurzbachtal › Bahnhaltestelle Purkersdorf Sanatorium › Wienfluss › Weidlingau

TOUR
4,9km (2h) | R | ↑120hm | mittel

Zum Kern der Sache

Kurz bevor wir das Wurzbachtal erreichen, erblicken wir zu unserer Rechten eine von 37 Kernzonen des Biosphärenparks Wienerwald. Sich über die Bundesländer Wien und Niederösterreich erstreckend wurden mit seiner Errichtung Kernzonen definiert, in denen die Natur Vorrang vor allem anderen hat und die einen möglichst ursprünglichen Lebensraum für seltene Pflanzen- oder Tierarten darstellen. In den anderen Bereichen, den Pflege- und Entwicklungszonen, ist eine nachhaltige Bewirtschaftung, die Stärkung der Wertschöpfung in der Region und die Erhaltung der Kulturlandschaft oberste Prämisse. Seit 2005 wird die 45 Hektar große Kernzone »Waldandacht« im Wurzbachtal nicht mehr landwirtschaftlich oder forstlich genutzt. Entstanden ist ein Rückzugsraum für die Natur, den auch wir selbst nur von außen betrachten sollten.

Wegbeschreibung

▌Vom Bahnsteig 2 in Weidlingau gelangen wir ohne Umwege zur Lorenz-Stein-Straße, queren diese und nehmen direkt geradeaus einen schmalen

Baumgeschwister am Rastplatz

Durchgang. Zahlreiche Stufen geht's aufwärts zur Loudonstraße, diese queren wir halblinks auf einen schmalen Weg zwischen Häusern in den Wald. Wir halten uns rechts und erblicken eine rote Wegmarkierung, dieser folgen wir ostwärts durch den schattigen Wald. Kurzzeitig spazieren wir auf einer Asphaltstraße am Siedlungsrand entlang, ehe wir scharf nach links dem markierten Weg (rot, Nr. 45) durch den schattigen Laudonschen Wald folgen. Wir kommen zu einer Lichtung mit Hochspannungsleitungen und biegen davor links auf eine Schotterstraße ab. Diese führt oberhalb der Wolfsschlucht hinab zur Wurzbachtalgasse. Geradeaus queren wir den Wurzbach, der in diesem Abschnitt die Grenze zu Niederösterreich bildet. Wir folgen der Straße leicht aufwärts, kurz vor dem Haus Nr. 6 biegen wir links auf einen schmalen rot markierten Waldweg ab. Der Weg führt zu einer größeren Sternkreuzung. Einige Meter vor der Kreuzung biegen wir

links auf einen unmarkierten Trampelpfad ab und folgen diesem stets geradeaus durch den einsamen Pfarrwald. Die unmarkierte Entdeckungsreise endet bei einem Rastplatz mit Sitzbänken, die teilweise ein wenig Aussicht auf Purkersdorf und das Wiental zulassen.

Direkt am Rastplatz, vor der abbrechenden Geländekante, rechts auf den abwärts führenden Trampelpfad wechseln. Zwei etwas steilere Abschnitte gilt es zu überwinden, ehe wir wieder auf einen breiten Weg treffen. Links hinab zur Wintergasse und weiter zur Station Purkersdorf Sanatorium. Unter den Gleisen hindurch zum Wienfluss. Der sogenannte Christkindlweg führt uns zurück zum Bahnhof Weidlingau.

SPORTLICH IM WIENERWALD

Es kann durchaus passieren, dass ihr beim Hundewandern im Wienerwald von einem laufenden Hund mit Herrchen oder Frauchen im Leinenschlepptau überholt werdet. Wundert euch nicht darüber, denn dieses Phänomen bezeichnet sogar eine eigene Sportart. Diese Art von Betätigung nennt sich Canicross und ist im Grunde nichts anderes, als ein Geländelauf mit Hund, bei dem der Mensch mittels flexibler Leine mit dem vorlaufenden Vierbeiner verbunden ist. In Wien gibt es eine eigene Gruppe, die den Sport fördern möchte. Es gibt grundsätzlich keine Vorgaben: Jeder Hund und Mensch kann diese Sportart ausüben. Spaß und gemeinsame Aktivität stehen dabei im Vordergrund. Und wenn ihr bis ans Limit gehen wollt, könnt ihr euch bei den sogenannten Canicross-Weltmeisterschaften messen.

Wer sich im Wald bewegt, tut Seele und Körper etwas Gutes: Immunsystem wird gestärkt, Stress abgebaut, die Atmung verbessert.

Wienfluss

Laufend unterwegs

TOUR 38

Gmiatliche Kollegen

Zu den höchsten Bauwerken Wiens bis zum ruhigen Kaiserwasser

252 Meter sind es von der Papstwiese im Donaupark zur Spitze des Donauturms, unweit davon streckt sich der DC Tower 1 mit 250 Metern in den Wiener Stadthimmel. Gespannt blicken wir in die Höhe. Doch lasst uns bodenständig bleiben und einige Winkel des Donauparks und der Donaucity erkunden und die überraschende Ruhe am Kaiserwasser genießen.

START & ANREISE
1220 Wien, Arbeiterstrandbadstr. 130
Linien U1, 20A, 20B › Alte Donau (Haltestelle am Ausgangspunkt)

WEGVERLAUF
Arbeiterstrandbadstraße › Kaffeehausberg › Heidegarten › Donaucity › Kaiserwasser › Fischerstrand › Alte Donau

TOUR
4,1km (1½h) | R | ↑10hm | einfach

A so a Hundling!

Ein Dialekt-Werk des österreichischen Lyrikers H.C. Artmann ist an der Fassade des Wohnparks Donaucity angebracht und kann nur mit etwas Konzentration und Dialektverständnis entziffert werden. Andere Dialekt-Aussprüche, in denen Hunde vorkommen, sind einfacher verständlich, aber leider meist abwertend gemeint. Ein »falscher Hund« ist eine hinterlistige Person. Wenn etwas wie durcheinandergewürfelt erscheint, gibt's »aus jedem Dorf an Hund«. »Da kennt si ka Hund aus« bezeichnet etwas Unverständliches, »unterm Hund« ist etwas von schlechter Qualität und wer »an Hund zsammdraht«, hat offenbar einen schweren Fehler gemacht.

Wegbeschreibung

Haben wir die U1-Station Alte Donau verlassen, geht's auf dem Gehweg die Arbeiterstrandbadstraße entlang. Auf Höhe des Eingangs zum Bundesbad Alte Donau betreten wir den Donaupark, halten uns am ersten Platz tendenziell rechts und spazieren eine Allee entlang, zu Beginn passieren wir noch eine steinerne Info zur Ge-

Kunst am Kaiserwasser

schichte des Parks. Nah am Gleis der sehr süß anzusehenden Donauparkbahn nehmen wir den zweiten – und beschilderten – Bahnübergang zur Linken. Geradeaus führt der Weg leicht aufwärts, zwischen Festbühne zur Rechten und Rosengarten mit Wasserspielen zur Linken, auf den Kaffeehausberg. Direkt im Anschluss nehmen wir den Irissteg und spazieren nach rechts, mit Blickrichtung Donauturm, zum eisernen Kunstwerk »Das goldene Kalb«. Hier links und wiederum über ein schmales Gleis. Zur Rechten befinden sich der Donauturm sowie ein riesiges Kreuz am Beginn der Papstwiese. Wir nehmen die erste Abbiegemöglichkeit nach rechts und spazieren am Heidegarten entlang. Rund 15 Meter vor dem nächsten Gleis biegen wir nach links zu einem kleinen Platz mit Wassertränke und einem Unterstand ab. Halbrechts weiter mit Blick auf die Fassade des Wohnparks Donaucity, auf welchem ein Dialektgedicht von

H.C. Artmann angebracht ist. Über den Steg verlassen wir nun den Donaupark und spazieren die Carl-Auböck-Promenade entlang, ehe wir in die Isidro-Fabela-Promenade wechseln und zum Vorplatz der U1-Station Kaisermühlen-VIC spazieren. Über den Vorplatz, unter der Wagramer Straße hindurch und links zur Lagerwiese Kaiserwasser für eine herrliche Abkühlung. Weiter geht's auf dem Trampelpfad nahe dem Ufer. Wir begehen einen Steg und spazieren am Ufer weiter zum Laberlweg, hier nach links über den Laberlsteg mit Blick auf die Alte Donau und auf das gegenüberliegende Gänsehäufel. Wir folgen dem verkehrsberuhigten Fischerstrand zur Wagramer Straße und landen nach wenigen Metern wieder am Ausgangspunkt.

MODERNES WIEN

Von Pfui zu Hui: Unter der Leitung des damaligen Stadtgartendirektors Alfred Auer wurde zur »Wiener Internationalen Gartenschau 1964« eine ehemalige Mülldeponie in den Donaupark umgestaltet. Als markantestes Wahrzeichen sticht hier im wahrsten Sinn der Donauturm hervor, der ebenso 1964 als Symbol für das moderne Wien errichtet wurde. Das Aushubmaterial des 25.000 Quadratmeter großen Irissees wurde nicht weit weggebracht, sondern im Park zum Kaffeehausberg aufgeschüttet. Das darauf befindliche Kaffeehaus wurde in den 1990er-Jahren jedoch geschlossen. Ein Spaziergang durch den Donaupark wird uns noch weitere überraschende Einblicke liefern. Und wer nicht mehr gehen will, lässt sich von der Donauparkbahn 20 Minuten durch den Park herumchauffieren.

Das 40 Meter hohe Papstkreuz wurde 1983 anlässlich einer von Papst Johannes Paul II. gehaltenen Messe errichtet.▼

Carl-Auböck-Promenade Donau-City

Papstkreuz im Donaupark

TOUR 39

Chillige Plantscher

Hunderunde mit genussvoller Abkühlung in der Neuen Donau

»Insel muss Insel bleiben«! Das wussten bereits die FKK-Gäste in den 1990er-Jahren, die, mit Absicht oder nicht, zu legendären Figuren der Fernsehsendung »Alltagsgeschichten« wurden. Wie sich die Insel aus Natursicht weiterentwickelt hat, erkunden wir bei unserer Runde von der Donaustadtbrücke zur Steinspornbrücke. Einsame Waldpfade und belebte Uferwege kennzeichnen diese Route, Highlight ist der langgezogene Hundebadebereich an der Neuen Donau.

START & ANREISE
1220 Wien,
Am Kaisermühlendamm Wehr 1
Linien U2, 92A, 92B, 93A › Donaustadtbrücke

WEGVERLAUF
Wehr 1 › Praterbrücke › Donauufer › Steinspornbrücke › Badeplatz Neue Donau › Donaustadtbrücke

TOUR
6,7km (2¼h) | R | ↑20hm | einfach

Fischfutter

Am Ufer der Donau werden wir immer wieder auf stationäre Fischerboote treffen, von denen ein quadratisches Netz über die Donau ragt. Das markante Fischernetz nennt sich »Daubel« und wird zum Fischfang an den Flussgrund abgesenkt. Sämtliche Fische, die, aus Sicht des Fisches, zur falschen Zeit am falschen Ort sind, landen beim Hochziehen der Daubel im Netz. Die Daubelfischerei ist eine typisch österreichische Art der Netzfischerei und darf nach einem Dekret, zurückgehend zur Zeit Maria Theresias, nur an der Thaya, der March und an der Donau ausgeübt werden. Daher werden wir nur an diesen Flüssen Boote oder auch kleine Stelzenhäuser mit Daubeln finden.

Wegbeschreibung

▌Bei der U2-Station Donaustadtbrücke wählen wir den Ausgang Neue Donau und spazieren über das Wehr 1 auf die Donauinsel. Angekommen auf

Hausboot an der Donau

der »Insel, Inseeeeeel« – Alltagsgeschichten-SeherInnen erinnern sich daran – halten wir uns bei der Wegkreuzung halblinks, wandern unter Donaustadtbrücke und Praterbrücke hindurch und verlassen direkt hinter der zweiten Brücke nach halbrechts in den Wald. Der schmale Trampelpfad führt an das Ufer der Donau und in besonders einsame Bereiche der Donauinsel. Wir bleiben in der Nähe des Ufers und entdecken einige sehr lauschige Liegeplätze. Wir umgehen eine kleine Bucht und erreichen einen Karrenweg, dem wir nach rechts folgen. Nach mehreren an der Donau anliegenden Hausbooten unterschreiten wir die Stadlauer Ostbahnbrücke und wandern zu einer Asphaltstraße. Wir achten auf den Radverkehr, gehen einige Minuten nach rechts zu einer Gabelung und wandern hinab an das Ufer der Neuen Donau. Hier können wir links und rechts entlang des Weges dahinschnüffeln, müssen unseren Hund aber noch an der Leine lassen,

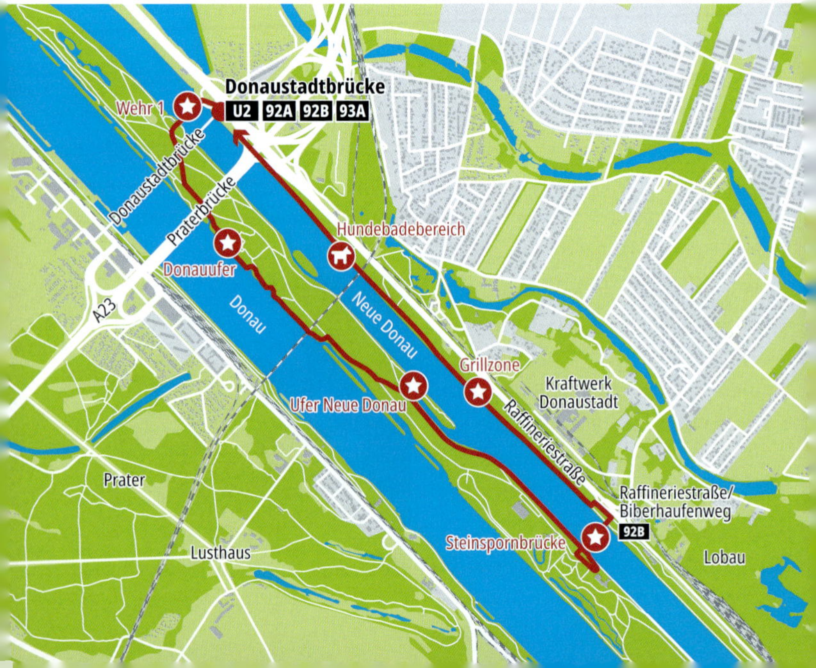

jedoch bald nicht mehr. Wir steigen zur Steinspornbrücke hinauf und queren die Neue Donau. Am »Transdanubischen« Ufer geht's nun zurück zur Donaustadtbrücke. Entweder spazieren wir unten am Ufer entlang oder halten uns etwas oberhalb auf. Bewegen wir uns direkt am Ufer, durchqueren wir zuerst eine Grillzone, in welcher es einiges zu erschnüffeln gibt und wo uns, und unserem Wuffi, das Wasser im Maul zusammenlaufen kann. Nach der Ostbahnbrücke startet dann die langgezogene Hundeauslaufzone mit mehreren Wasserzugängen, ausgelegt für kleine und große Hunde. Der Hundebadebereich endet kurz vor der Praterbrücke. Von hier aus erreichen wir den Ausgangspunkt an der Donaustadtbrücke in wenigen Minuten.

INSEL-HUNDEREICH

Auf 21 Kilometern erstreckt sich Wiens größter Freizeitpark inmitten der Donau. Entstanden in den 70er- und 80er-Jahren des vorigen Jahrhunderts, gilt die Donauinsel heute als riesiges Paradies für Sportbegeisterte, Festivalliebhaber und auch, in manchen Bereichen, für Hunde. Vor einigen Jahren wurde zwar im unteren Teil der Insel südlich der Steinspornbrücke ein teilweises Hundeverbot ausgesprochen, aber dafür können sich Mensch und Tier über einen großen Hundebadebereich im Norden der Insel zur Donau und im Süden an der Neuen Donau freuen. Und auch auf viele, viele mögliche versteckte Gassi-Kilometer. Denn es sei verraten: Es sind nicht die breiten Wege, die den Reiz der Natur auf der Donauinsel ausmachen.

Der Hundebadeplatz an der Neuen Donau ist groß genug, dass alle Zwei- und Vierbeiner ihren Platz im Wasser und in der Wiese finden können. ▼

Versteckte Bucht an der Donau

Hundeauslaufplatz Neue Donau

TOUR 40

Flotte Gesellen

Hundezonen im 15. und 14. Bezirk erkunden und bis nach Hietzing schnüffeln

Am Weg in den Westen der Stadt, zwischen Westbahn und Wienfluss, befinden sich drei Hundezonen in unmittelbarer Nähe zueinander. Es wäre ein Frevel, diese nicht zu einem Gassispaziergang zu verbinden. Dazu gesellen sich flankierend das Technische Museum zur einen und das Schloss Schönbrunn zur anderen Seite. Zum Abschluss ein Tipp für alle, die beim Gassigehen jung bleiben wollen: Im Hadikpark befindet sich ein Jungbrunnen. Wie und ob der Brunnen allfällige Falten mindert, hat aber noch niemand in Erfahrung bringen können.

START & ANREISE

1150 Wien, Anschützgasse 42
Linien 52, 60, 57A › Anschützgasse (Haltestelle am Ausgangspunkt)

WEGVERLAUF

HuZo Winckelmannstraße › HuZo Auer-Welsbach-Park › HuZo Hadikpark › Hietzing

TOUR

1,8km (¾h) | S | ↑10hm | einfach

Wilder Westen

In unmittelbarer Nähe der Auslaufzone im Auer-Welsbach-Park stehen »Sarah« und »Johanna« Tag und Nacht. Diese beiden faszinierenden Flammenfrauen wurden von der talentierten Künstlerin Charlotte Seidl geschaffen und finden ihren Platz am Rande eines wilden Naturgebiets. Die Kunstwerke markieren somit jenen Raum im Park, in dem sich die Natur im Rahmen einer Stadtwildnis entfalten kann. Sie schlagen eine Brücke zwischen Kunst, Natur und Mensch und stellen die wichtigste Frage, wenn es um den urbanen Naturschutz geht: Wie viel Raum geben wir der Natur? Errichtet wurde der Park 1890 ursprünglich im englischen Stil. Damals noch als »Schönbrunner Vorpark« betitelt, stellte der Park einen bewussten Gegensatz zur barocken Gartenanlage auf der anderen Seite des Wienflusses dar. Apropos Wildnis und damalige Zeiten: Im Südosten der Parkanlage

Flammenfrau

befindet sich das Naturdenkmal mit der Nr. 444. Es handelt sich dabei um eine Grau-Pappel, die noch den letzten Rest des ursprünglichen Ufergehölzes des Wienflusses darstellt, bevor dieser Ende des 19. Jahrhunderts in den bekannten Kanal gezwängt wurde.

Wegbeschreibung

An der Station Anschützgasse verlassen wir die Straßenbahn, wechseln auf die Nebenfahrbahn der Mariahilfer Straße und begehen diese kurz stadtauswärts. An der Kreuzung zur Winckelmannstraße erblicken wir eine kleine Hundezone, die von schattigen Bäumen eingekreist ist. Ein kurzer Abstecher auf die grüne Insel lohnt sich! Die weitere Route führt nun in den Auer-Welsbach-Park, wir flanieren den Hauptweg entlang und stoßen auf die große Hundeauslaufzone. Hier lassen wir die Leinen los, doch Achtung: Das Areal ist nicht eingezäunt. Hat unser Vierbeiner neue Freundschaften geschlossen, sagen

wir leise »Servus« und verlassen den Park am südwestlichen Ende nahe der Linken Wienzeile durch einen schmalen Durchgang. Rechts von uns befindet sich eine Tankstelle, wir queren zur Linken die stark befahrene Linke Wienzeile. Nun wiederum nach rechts und zwei weitere Straßen über die Schönbrunner Schlossbrücke queren.

Vorbei an der Straßenbahnhaltestelle Schloss Schönbrunn geht's danach in die eingezäunte Hundezone Hadikpark. Der gesamte Park, den wir queren, ist hier eine Auslaufzone: entweder am befestigten Weg nahe dem Wienfluss ohne Wasserzugang oder quer durch das Wald- und Wiesengelände. Am Ende des Parks steigen wir zur Station Hietzing hinauf und beenden die kleine, aber feine Gassitour.

TIERISCHE KOMPONISTEN

Dass Hunde von Komponisten generell sehr geschätzt und geliebt wurden, beweist zum Beispiel Richard Wagner, der zwischen 1862 und 1864 in der heutigen Hadikgasse 72 in Penzing wohnte. Sein ganzes Leben lang konnte er sich über Begleitung von Vierbeinern freuen, sogar bei seiner Flucht von Riga über London nach Paris stand ihm der Neufundländer Robber zur Seite. Es folgten Peps, Fips und Leo. Fast zehn Jahre danach begleitete Ruß, ein weiterer Neufundländer, den Komponisten und avancierte zu seinem Lieblingshund. Ruß wurde im Garten der Villa Wahnfried in Bayreuth bestattet. Nahe Wagners einstiger Wohnstätte in der Hadikgasse können sich Hunde in der Hundezone des Hadikparks austoben und an einem lautstarken »Gebelle« komponieren.

Der Hadikpark wirkt zwar sehr unscheinbar, entpuppt sich bei genauerem Hinsehen aber als kleines Naturwunder. Etliche Baumgestalten laden noch dazu zum Kraxeln ein.

Auer-Welsbach-Park

Hechelnde Hundefreuden